AF364533

Vincenzo Napolillo

NUSCO

Approfondimenti di storia e arte

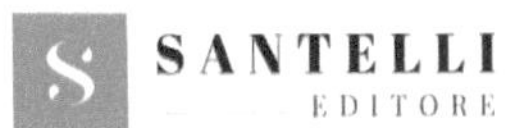
SANTELLI EDITORE

Nusco. Approfondimenti di storia e arte
di Vincenzo Napolillo
in copertina: Dettagli di *Panorama di Nusco* (acquerello) di *Luigi Greco*
prima edizione: luglio 2020
© 2020, Santelli editore
ISBN 978-88-9292-002-6

GESA
Gruppo Editoriale SANTELLI

Santelli editore
Viale Giacomo Mancini 236,
87100 Cosenza
0984.406939
info@santellieditore.it
www.santellieditore.it

Il mio borgo

Rivisitando
il percorso di vita,
un tuffo al cuore
ho avvertito.
Filigrane d'immagini,
storie arcane
scorrevano nella memoria.
Il borgo era di luce
vestito, gaio, ospitale, ridente.
Mite il vento spirava
nei prati di primule,
la luna inargentava l'altura.
Voci di operai e di donne
attraenti ridavano
visioni disperse, giulive.
Ho aperto la finestra
per respirare
aria pulita di montagna
e rimirare l'alba
e il tramonto,
la mia origine
e il punto d'arrivo.

V. N.

NOTA CRITICA
SULLA STORIA DI NUSCO

Storiografia

La storia come scienza sociale, organizzata in base a una corretta metodologia, con l'ausilio di fonti coeve e analisi critica di documenti ufficiali, di testi e testimonianze affidabili, non si presta a fraintendimenti e a manipolazioni, né a una ricostruzione campanilistica o ideologizzata dei fatti. Giambattista Vico, muovendo dall'evidenza come criterio di verità, pose il fondamento del conoscere nella «conversione del vero col fatto: *Verum ipsum factum*».

La riedizione del mio libro: «*Nusco. Storia dal vero*» (Cosenza, Edizioni Orizzonti Meridionali, 2012) si rivela di grande importanza per ridimensionare l'aspetto cognitivo rispetto a quello narrativo e per non tradire il vero, che Manzoni definiva sacrosanto.

Luigi Costanzo, che ha curato il volume intitolato: *Vincenzo Napolillo storico e critico letterario* (Cosenza, Edizioni Orizzonti Meridionali, 2011), ha scritto che da me sono stati sottoposti a *revisione critica* i numerosi libri della storia di Nusco pubblicati meritoriamente e a proprie spese da Giuseppe Passaro, sacerdote e intellettuale ardente di amor patrio, per consegnare alle giovani generazioni, agli studenti nuscani e ai ricercatori in generale, un contributo qualificato e lucido e pervenire a una svolta, ossia «allo scioglimento di tanti problemi rimasti per lungo tempo insoluti» (p. 42).

Il mio libro su Nusco, approfondimenti di storia e arte mira a favorire il recupero e gli sviluppi della «microstoria», intesa come patrimonio individuale e collettivo, e nella stesso tempo a rifuggire con scrupolo dalla furbizia che propone molte pubblicazioni a stampa con lo stesso prodotto storiografico modificando soltanto alcuni fatti salienti. Credo che il mio merito principale sia nel segnare una frattura con l'instancabile e superata erudizione storiografica di Nusco.

Il quadro storico - dalle origini ai giorni d'oggi - così depurato e disegnato su un attento esame delle fonti scritte e non scritte e su una valutazione ispirata a serenità di giudizio e ad ampia serietà d'intenti, consente di narrare eventi, figure, eroismi e miserie, senza rinunciare al rigore della ricerca, a spunti di analisi, all'interpretazione del «senso» degli avvenimenti.

Toponimo

Sul toponimo Nusco non regna l'accordo fra gli studiosi. Nella *Carta geografica* del 1589, Gerahard Kremer segnò il nome Musco e sotto il toponimo Lione.

Leandro Alberti, nella *Descrittione di tutta l'Italia* (1596), denominò la città *Nosco*; Francesco Scandone ha fatto derivare Nusco da *nubscus*, luogo dove «si addensano le nubi»; Piero Capobianco ha scritto che Nucetum vale «ager nucibus consitus», cioè terreno piantato a noci; Carla Marcato e Andrea Molossini sostengono che Nusco deriva dal nome botanico Musco (muschio, lichene).

8

Negli atti di vendita, di donazioni, di compravendita di età normanna compare la famiglia baronale Musca, che ebbe come capostipite Toraldo Musca, «unus ex magnatibus Aversae», che fu il primo insediamento normanno nell'Italia meridionale (1030).

Durante il regno di Carlo II d'Angiò è documentato che Pierre de Lille, feudatario di Musco (ossia Nusco), arrecava molestia, il 13 novembre 1291, al notaio Tommaso de Gifono de Musco.

Genius loci

Nusco è annoverata fra *I borghi più belli d'Italia* (Guida 2006, Roma, Ser, pp. 421-424). Giuseppe Iuliano, giornalista e poeta di grido, apre scenari d'indiscutibile fascino quando volge lo sguardo al «genius loci» e scorge che questo balcone d'Alta Irpinia sembra la Svizzera: «Nusco appare come uno sciame bianco, raccolto nel grembo della vetta. Un dolce digradare di terrazze, di case che si incuneano, si sommano, in un intreccio di pietra e calce sospeso tra cortine di nebbia. La montagna rende inesauribile, nei colori e nelle atmosfere, questo paesaggio che ha attratto numerosi artisti. La vivacità intellettuale si spiega forse con il capriccio dei venti, che qui hanno tutti libertà di soffio. E ora che un'attenta ristrutturazione ha riportato in vita la pietra - rinnegata con cattive cadute di gusto negli anni '70 a favore di marmo e cemento - Nusco può ben meritarsi la fama di «nascosto lembo di Svizzera irpina».

Un racconto distorto

G. M. Alfano diede, nella *Istorica descrizione del Regno di Napoli* (Manfredi 1795), notizie falsate sull'origine di Nusco città: «Circa diciassette miglia da Benevento lontana vi è quest'antichissima città, sede un tempo principale degl'Irpini, che componevano la terza parte de' Sanniti. Fu così ricca di uomini forti e bellicosi, che per molti anni resistettero ai Romani; e nelle Forche Caudine e nelle

Guerre Puniche ed altre, restando morti più consoli, tribuni e questori romani, sepolti in *Fontigliano*, o sia *Fonte di Giano* in territorio di Nusco sotto al Monte *Laceno*, siccome rilevasi da varie iscrizioni quivi ancora esistenti. Questa città è sita su di un alto promontorio dominato da venti asciutti. Tiene dirimpetto un diruto castello, sì forte un tempo, che ad espugnarlo non ci volle meno, che un *C. Tiberio Gracco* con un esercito ben poderoso. Scorrono non molto lungi i fiumi *Ofanto*, *Calore* e l'*Aufido*, che fecondano le vicine campagne. È sede vescovile, contea della famiglia Imperiale, d'aria buona; fa di popolazione 4000».

Reperti archeologici

Nunzio Maria Della Vecchia, non potette obiettare che l'Aufido degli antichi è il fiume Ofanto, ma rapportò l'origine di Nusco a *Ferentinum*, presunta città irpina. Tito Livio parlò di Ferentino, centro degli Ernici, popolazione del Lazio. Alessandro Di Meo, ricercatore scrupoloso, negli *Annali critico-diplomatici del Regno di Napoli*, dichiarò con sincerità: «Intorno all'esistenza di Ferentino d'Irpinia, come di città, nulla di sodo, a mio giudizio, vien recato dagli antichi».

Il grosso manoscritto di Gaetano Maria De Santis, *Istoria nuscana*, posseduto prima dal signor Daniele Sagliocca e poi saccheggiato nei contenuti da Giuseppe Passaro, è stato tirato fuori da Giovanni Marino. Il parroco De Santis, addensando notizie farraginose e curiose, così scrive di Ferentino e del monastero benedettino di Fontigliano: «Nelle pertinenze di Ferentino era comparso Fontigliano, e propriamente alle falde del Monte Laceno. Vanta Fontigliano la sua fondazione fin dai primi Sabini, e fu sempre celebre e di gran nome presso de Romani, tanto che vi sono molti nomi di guerrieri e delle famiglie cospicue de Romani. (Sibilia nella «Difesa» di S. Maria in Piano contro il vescovo di S. Angelo Lombardi). Anche il Signor Canonico Della Vecchia vuole che qui fosse stata la colonia Filoniana da un monumento ivi ritrovato» (p. 392). Una benemerenza di «non poca entità» fu riconosciuta da Giuseppe Passaro al De Santis, quella cioè «di avere conservato le epigrafi allora esistenti in Nusco (secolo XIX) e oggi andate colpevolmente distrutte».

Purtroppo le emergenze archeologiche provenienti dalla contrada nuscana di Fiorentino, come anche dalla contrada Fontigliano (così detta non da Giano, divinità romana bifronte e signore dei «passaggi» (da *ianua*, porta), ma dalla fonte dove gli agnelli andavano ad abbeverarsi durante la transumanza verso la Puglia), non costituiscono testimonianze storiche bensì nocive falsificazioni. Pertanto, le epigrafi collezionate da Dressel sono da considerarsi menzognere e inadatte ad attestare «l'antichità romana di Nusco».

Il ritrovamento del «termine Graccano» nel territorio di Lioni (1986) rivela che anche le zone dell'Alto Ofanto furono interessate dalla riforma agraria dei fratelli Gracco, che la volitiva madre Sempronia definiva i suoi «gioielli». (G. Capone, *Nusco balcone dell'Irpinia*, 2003). La stella di Tiberio Sempronio si spense nel sangue (133 a. C.); quella di Gaio Sempronio Gracco con una pugnalata.

D. Placido Imperiale genovese fece fissare al muro d'un suo palazzo, al confine tra il territorio di Nusco e di Lioni, una lapide scritta in latino, nella quale vanta i suoi numerosi titoli e le sue imprese agricole. Per esigenze di spazio la riporto per metà, rimandando la lettera del testo completo alla «Storia di Lioni» di Roccopietro Colantuono (pp. 13-14): «Dopo aver acquistati innumerevoli latifondi / così nelle proprie signorie come in quelle vicine / di Guardia dei Lombardi, di Morra e di Rocca S. Felice / nato per il bene del genere umano / esimio instauratore dell'agricoltura / in questi infecondi e spinosi boschi e difese / di Ferentino / ove fu un tempo la città di Ferentino / dell'Isca della Polvere - del Grammatico - della / Caravella e dei Lagarelli / mediante un'accurata e utilissima coltivazione / avendo con prospero divisamento piantati gli alveari, / dei gelsi bianchi e castagni e viti congiunti a pioppi / e ridotti a gioconcissimo giardino / senza risparmiare nessuna cura e spesa / edificò codesto palazzo per sé e per i suoi / nell'anno del Signore 1779». Il principe Imperiale nella sua enfatica iscrizione proclamava che Fiorentino era terra fiorente (dal verbo latino *florere*) ma geograficamente collocava in Irpinia l'antica cittadina posta in vista dei monti Lepini.

I due Principati

Nessuna notizia di Nusco si ha in *epoca longobarda*. Il trattato di divisione del ducato di Benevento in due principati tra Radelchi e Siconolfo, fu steso nel gennaio 847. Appartennero al principato di Salerno i castaldati e tutti i luoghi (*loca integra*) di Taranto, Latiniano, Cassano, Cosenza, Laino, Lucania, Conza, Montella, Rota, Salerno, Sarno, Cimitile, Furcula, Capua, Teano e la metà del castaldato di Acerenza (vale a dire da quella parte che si congiungeva con Latiniano e con Conza). Al principe di Benevento rimasero le Terre che da Benevento si spingevano verso il mare Adriatico: Benevento, Brindisi, Bari, Canosa, Lucera, Ascoli, Siponto, Bobino, Sant'Agata, Avellino, Quintodecimo, Telese, Alife, Campobasso, Biferno, Boiano, Isernia, Larino. Il principe Siconolfo, due anni dopo il trattato vergato da Totone di Benevento alla presenza dell'imperatore Ludovico II, nipote di Carlo Magno, morì a Salerno a causa delle ferite riportate in un incidente di caccia. Prima di morire, Siconolfo, per difendere i confini del suo Principato, fece costruire dei castelli, ma il *castrum Nusci* non figura fra essi. Nella Biblioteca nazionale di Vienna (*Osterreichiche Nationalbibliothek*) il cartiglio del manoscritto, *Discorso sopra le Città del Regno di Napoli*, termina con le parole: «Con la pluma di Don Francesco Cassiano de Silva nobil milanese en Naples anno 1708». La descrizione della *Città di Nusco in Principato Ultra* è fatta con orrenda calligrafia ma la «veduta» è molto interessante, perché vi si scorge il castello in buone condizioni architettoniche: *Angusta et inelegante appare questa nel capo dei monti fra i fiumi Sabato e Calore, che corrono verso Benevento da questa venti miglia*

12

discosta; più di questo non ne discorrono gli scrittori restringendosi, che i suoi cittadini sono più applicati al travaglio della mano che alle forge. Non oltre di ottocento ducati ha la Congrega dal suo Vescovo tutto che giunga il suo pastorale in altre due terre con insigni collegiate. Otto canonici e quattro dignità officiano nella Cattedrale dove si venera il sacro corpo di S. Amato suo buon pastore, anacoreta (...), e finalmente suo Tutelare. È feudo della Casa Imperiale con 780 fuochi. Un profilo di piacevole erudizione copiato dal vescovo Giacinto Dragonetti, che nel 1711 vi aggiunge una modifica: «Vi si vede vicino l'antico castello chiamato Favorno, né della sua antichità si trova altro, non sapendolo neanche i suoi cittadini, dediti più al negozio che alla lettura dei libri».

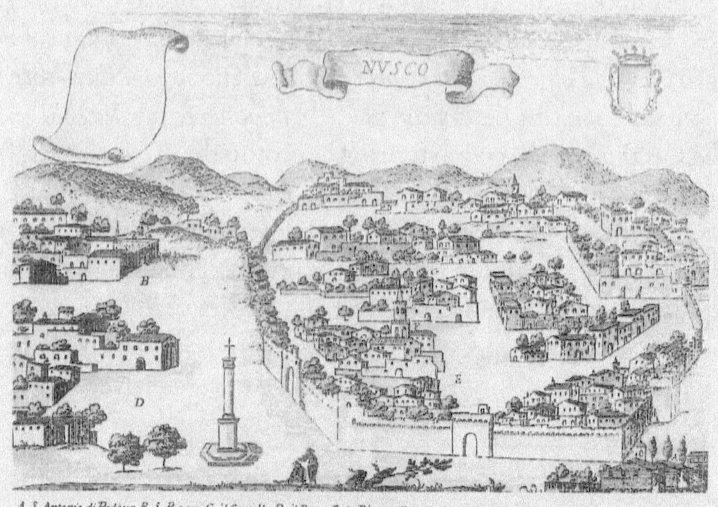

DI NUSCO

Ella Chiesa, e nel Tutelare può dirsi ch'ella epiloghi il nome, ò l'honore, l'uno e l'altra di *Sant'Amato*, suo e buon Patrizio, Anacoreta, e poi Sposo in primo luogo, nel 1093. di Nostra Redentione. Il suo Corpo miracoloso, dalla medesima, che spira divotione, e pietà, non si divide; lasciato in patticolar custodia del Capitolo di otto Canonaci, e quattro Dignità, i quali soli han diritto di ministrar i Sagramenti, ed aprir il Sepolcro al Popolo intiero. Sette altre Chiese vagliono à replicar il culto co' Sagrifici al rimanente del Clero, tutto povero, ancorche graduito, si come habbiam detto. Siede l'angusta, ed inelegante Città nel cupo de' Monti, frà Fiumi *Sabbato*, e *Calore*, i quali vanno ad inzuppar *Benevento*, e da questa per venti miglia discosta; vicino al Castello, chiamato già *Favorno*, Più di lei non somministrano i Libri, nè san riferire i *Noscani*, applicati anzi al travaglio della mano, che alle leggende. La mensa del *Vescovo* non arriva ad unire ottocento ducati, ancorche osservi egli con l'occhio suo Pastorale due Terre con insigni Collegiate, della miglior delle quali, chiamata *Bagnuolo*, s'intitolan *Duchi* i Primogeniti della Casa *Strozzi* chiarissima Fiorentina. Con altre Baronie, distintamente però portano il Feudo di *Nusco* i Signori *Imperiali*, che dalla Republica di *Genova* prendono per se stessi, e conferiscono à gli altri i suoi lumi.

G. B. Pacichelli - Nusco 1703

S. AMATO PROMOTORE DELLA STORIA DI NUSCO

La storia è interpretazione delle fonti e dei documenti, costante ricerca della verità. Anche alla microstoria si richiedono esattezza e precisione delle notizie, per consentire all'uomo un'effettiva comprensione di sé e del suo mondo. Irrisolta è la questione del toponimo Nusco, che deriverebbe dal verbo «nosco» (riconosco) o più esattamente dal sostantivo «musco» o muschio, com'è segnato nel Diptychon e nel documento riguardante Pietro de Lille, feudatario di Musco (13 novembre 1291) e nella Carta geografica di Gerahrd Kremer (1589).

Giuseppe Cappelletti, nelle *Chiese d'Italia*, è categorico nell'affermare: «Ignota agli antichi scrittori, che non la nominarono mai, fu la piccola città di Nusco. Se vogliasi prestar fede all'Ughelli, ne cominciò il vescovato nell'anno 1048 e ne fu primo vescovo Sant'Amato, cittadino di Nusco». In verità, i reperti archeologici dell'Antiquario di Fontigliano, abbazia dedicata alla Madre di Dio, furono dichiarati «spuri» da Dressel, inviato a Nusco da Theodor Mommsen, storico e filologo tedesco, a trascrivere le epigrafi.

Iniziatore della storia di Nusco è Sant'Amato, che fu creato vescovo per i suoi illibati costumi e le sante azioni quotidiane. Portò impressa nella mente e nel cuore la massima del profeta: «Ha distribuito, ha dato ai poveri, e la giustizia sua durerà in perpetuo». Modello di eroiche virtù, equilibrato e umano nei giudizi e nell'osservanza dei principi evangelici, ripeteva con le parole del profeta: «Signore, le labbra aprirai e la mia bocca predicherà la tua lode». Grande gloria ottenne in vita e in morte, perché fu uomo di pace e potente patrono della città di Nusco.

Lo storiografo Giuseppe Passaro riportò dallo scritto «Dell'origine e dei progressi della città di Nusco (*De origine et progressibus civitatis Nusci*) di Francesco De Ponte junior, Reggente della Vicaria, morto a Napoli nel 1616, la lettera apocrifa di Alfano, arcivescovo di Salerno, al dilettissimo Amato, arciprete di Nusco (1063): «Devoto e diletto nostro, sono nel castello di Serpico, della nostra giurisdizione, moltissimi figli gentili, avvolti nella cecità pagana, che adorano ancora Serapide ed i cui cuori, per ispirazione della grazia dello Spirito Santo, anelano, con tenero slancio, alla fede cattolica, sperando, sitibondi, di essere con le debite istruzioni aiutati in talune cose che il loro umano senso non vale a comprendere. Onde, avendo noi speranza che, per il vivo splendore della vostra edificante parola, passino essi dalle tenebre alla luce della cattolica verità, vivamente vi preghiamo ed esortiamo nel Signore a non tardare, vista la presente, di recarvi in Serpico, ove molti dei presenti pagani sono convenuti, affinché per la vostra opera seguano la palma della salvezza, per cui possano godere della perenne vita nel Cielo». La lettera non ha alcun valore di testimonianza, sia perché era tramontato il retaggio dei pagani, sia perché la ribellione alla disciplina della gerarchia romana si chiamava piuttosto setta ereticale. I segni della ferita al capo, avvolto in un'infula scarlatta, custodito nel tesoro di Sant'Amato, non fu prodotta da un idolatra con un corpo contundente, ma da una malattia che non gli fu letale. La storia non s'inventa, né i documenti si correggono o alterano, s'interpretano.

Francesco De Ponte illustrò *Vita opere e miracoli di S. Amato* nell'*Ufficium* da recitare nei giorni delle festività del Santo nuscano (30 settembre e 28 maggio). Mojaisky Perrelli, arcivescovo di Conza e vescovo di Nusco, appuntò, secondo il parere di Gennaro Passaro, una traduzione «letterale» dell'*Ufficium* (ed. 1543). Nella prima lezione nell'Ottava di S. Amato si espone la richiesta del popolo di ottenere dall'arcivescovo di Salerno la consacrazione di Amato a vescovo. Mons. Mojaisky Perrelli così traduce il passo latino: «Questi, oltremodo lieti, resero grazie a Dio e confermando con la propria autorità la petizione del popolo, per la eccelsa stima verso il venerabile uomo, concessero alla città di Nusco la cattedra episcopale che non aveva mai avuto». L'illustre arcivescovo-vescovo ha manipolato il testo traducendo il sintagma *venerabiles viri* al singolare e collegando cronologicamente la proposizione relativa «che non aveva mai avuto prima» alla cattedra episcopale, anziché al vocabolo «grazia». La mia versione, conforme al vero, afferma invece: *Quelli, lietissimi, ringraziarono Dio, rafforzando con la propria autorità la richiesta del popolo e, da uomini degni di rispetto, concessero la cattedra episcopale alla città di Nusco come una grazia straordinaria, che mai prima aveva avuto con tanta generosità.* Su Amato vescovo di Nusco s'instaurò, nel corso dei secoli, una *duplice* tradizione storiografica: una di Nusco e l'altra di Monte Vergine, illustrate nel mio libro: *L'altro Amato* (Cosenza, Edizioni Orizzonti Meridionali, 1993).

La prima tradizione, che si fa risalire a Francesco De Ponte, di cui fu pubblicato nel 1543 un lezionario, ovvero «*Ufficio della Vita e Miracoli di Sant'Amato vescovo della città di Nusco*», è stata paradossalmente accreditata da Giuseppe e Gennaro Passaro come una «*fonte storica indiscussa,* quasi alla pari con il testamento di S. Amato». L'Ufficio della vita e dei miracoli di S. Amato è una preghiera; il Testamento del 1093 è addirittura un *falso documento*.

La seconda tradizione, sostenuta nel 1581 dal teologo Felice Renna, priore del monastero di Monte Vergine di Napoli, narra che

Amato da Nusco «migrò da questa vita nel 1193» e che prima d'esser consacrato vescovo di Nusco fu monaco dell'abbazia del Goleto (eretta da S. Guglielmo da Vercelli su un terreno donato da Ruggiero Sanseverino, nel 1130).

La tradizione nuscana celebra la santa morte del vescovo Amato nel 1093 e quella dei benedettini di Montevergine ne indica il decesso cento anni dopo (1193). Sono ambedue fallaci. Altri scritti antichi parlano di Amato vescovo di Nusco: il *Testamento di S. Amato*, conosciuto come *Chartula iudicati*, completamente ignorato da Francesco De Ponte; l'altro è un foglietto del codice membranaceo, detto *Dittico* del *Liber confratrum*, che contiene scritti alla rinfusa e senza segnare la loro successione cronologica i nomi di alcuni Vescovi deceduti: Riso di Sarno, Mirando di Acerno, Amato di Nusco (*Amatus Muscensis*), Maraldo di Pesto, Pietro di Policastro, Giovanni di Marsico, Oto di Policastro. Ritenuti finora documenti «di grande importanza», sono invece insignificanti, privi cioè di considerazione e di credibilità, poiché si dimostrano «apocrifi».

Il Testamento

Nel 1656, Scipione Bella-Bona pubblicò un sommario del *Testamento di S. Amato*, che fu concepito da un falsario in caratteri beneventani o longobardi per confondere il lettore sprovveduto: «Nusco non si ritrova da chi habbia avuto i suoi principij, ma bensì della Cattedra Vescovale da Gregorio VII; suo primo Vescovo fu S. Amato della stessa città, che prima n'era Arciprete: con i suoi genitori e altri edificò la Chiesa del protomartire S. Stefano, delle sue proprie facoltà la dotò e fin'hora la possiede, un tempo servì per cattedrale, e passò a miglior vita li 1093, essendo Duca di Puglia Rogiero Normanno, primo di questo nome, figlio del Duca Roberto Guiscardo, come si vede dal testamento di detto Santo, il cui principio è: «In nome di Dio eterno e Salvatore nostro Gesù Cristo; anno della sua Incarnazione 1093, ai tempi del Signor nostro Ruggero glorioso

18

Duca, nel mese di settembre, terza indizione. Io Amato, per grazia della Sede Apostolica vescovo di Nusco, quondam Landani, essendo trattenuto nel mio letto da una grave infermità, e davanti a me stando Urso viceconte e altri uomini privati, che sono venuti a farmi visita, dichiaro...». Ferdinando Ughelli, abate cistercense, in un primo momento non volle pubblicare il testamento, ma poi lo inserì nell'edizione dell'ottavo volume di *Italia sacra sive de episcopis Italiae*, curata da Coleti nel 1721. Francesco Scandone, nel settimo volume: *L'Alta valle del Calore. La città di Nusco*, pubblicò il testamento, che erroneamente giudicava di *capitale importanza*, confessando di fare «eccezione alla regola di riportare soltanto i documenti inediti». Non immaginava che quel pezzo di carta (*chartula*) senza alcuna importanza era un testo fasullo. Il testamento di S. Amato, considerato spurio e di nessuna fede (*nullius fidei*) dai Bollandisti e da P. Giovanni Stilting, fu tenuto chiuso in una teca d'argento a forma di braccio, contenente anche la reliquia del braccio destro del Santo vescovo. Esposto in una pesante cornice d'argento (70x100), è giunto a noi in diverse trascrizioni.

Traduzione del Testamento

Queste sono la mia lettura e la versione dal latino:

«Io, Amato, per grazia della Sede Apostolica vescovo di Nusco, che ho tenuto con avvedutezza, giacendo nel mio letto trattenuto da grave malattia e stando davanti a me il visconte Urso e alcuni cittadini, che sono venuti a farmi visita, dichiaro che io poiché dovrò al più presto, se la divina misericordia non mi aiuterà, andare in grazia di Dio all'altra vita, perciò ho pensato, finché per misericordia dell'Onnipotente non mi accada subitanea morte, di definire lo scopo della restante mia vita. Per prima cosa certamente per misericordia di Cristo Nostro Salvatore e per rimedio e salvezza della mia anima e del mio genitore e di mia madre, dispongo e consegno anche alla chiesa di S. Stefano Protomartire, che noi e i nostri genitori e consorti abbiamo edificato nella suddetta città, ed io con i miei

propri mezzi ho dotato di tutte le cose stabili e mobili, che prima comprai per conto della chiesa suddetta, dovunque saranno trovate, dentro o fuori della suddetta città, che sono: codici, stoffe di seta e di lino, casolari, case, orti, vigneti, terre, inserteti, castagneti da frutto e ogni altro bene acquistato per dotare la suddetta chiesa, perché possa farne sua proprietà e come i suoi rettori e consorti disporranno nel rispetto di quanto sopra è stato detto per mantenere e amministrare la suddetta chiesa. Io Amato, per grazia di Dio primo vescovo della suddetta città, faccio più di una raccomandazione a voi presbiteri e garanti ricordando ciò che fece Amato in favore della chiesa, il figlio di Romualdo e Alferio e quello che fece Munito, che diede molti beni e mise poi un fideiussore, e alla raccomandazione aggiungiamo anche questo e confermiamo in tutti i modi che se qualche individuo grande o piccolo tenterà di fare qualcosa contro le suddette disposizioni o di distruggerle, sia maledetto da Dio Padre il quale fece il cielo e la terra e dal suo unico Figlio Nostro Signore Gesù Cristo e dallo Spirito Santo e partecipando della stessa sorte di Giuda traditore di Nostro Signore Gesù Cristo, sia condannato in perpetuo.

Io, Amato di Dio, dico a te d'inserire in nota tali disposizioni.

+ Posto il segno di mano del suddetto Urso vice conte.

+ Io, Giovanni, presbitero della chiesa.

+ Io, Pietro, ho sottoscritto ».

La nota del vescovo scambiata per un atto notarile

Giulio Battelli, direttore della Scuola Vaticana di Paleografia e Diplomatica, ha creduto che il Testamento di S. Amato fosse originale, «sia per la povertà del materiale scrittorio, sia per la semplicità di scrittura come di un documento notarile fra tanti». È molto strano che una nota (*hanc notam*) dei beni personali donati dal vescovo Amato alla Chiesa di Nusco per accrescerne il patrimonio (terreni coltivati, case, panni di seta, vigne, castagneti ed ogni altro acquisto), sia stata dal rinomato esperto considerata un atto testamentario rogato davanti al notaio. Egli ha scambiato malauguratamente la *nota* con il *notaio*. Vistose le alterazioni del testo del testamento; ne cito una per tutte: il verbo «laudavi» è stato arbitrariamente sostituito dal sintagma «figlio di Landone» (in latino: *Landonis filius*), presunto cognome di Sant'Amato.

Il monaco normanno Amato

Da alcuni studiosi di storia medievale, fra cui l'illustre prof. Enrico Cuozzo, la cui madre Donna Ersilia era sorella di dell'arciprete Don Ciriaco De Paola, S. Amato da Nusco viene identificato con il monaco Amato di Montecassino, che viveva nel 1070 e fu appellato da Pietro Diacono «eloquentissimo nelle Scritture e scrittore ammirevole». Amato di Montecassino pubblicò la *Ystoria Normannorum* divisa in otto libri. Nato a Salerno, egli fu vescovo di Capaccio (1047-1058) e si ritirò nel monastero di Montecassino, dove passò ad altra vita il 1° marzo. Nel necrologio non è indicato l'anno del suo decesso (probabilmente prima del 1105).

Amato da Nusco, morto nel 1050, non si può identificare con Amato da Montecassino, sia perché il monaco storiografo normanno non è venerato come Santo, sia perché non dorme il sonno dei giusti sotto l'altare della cripta della concattedrale di Nusco dedicata a S. Amato. Il 12 maggio 2004, Francesco Mallegni dell'Università di Lecce iniziò le analisi paleopatologiche con il metodo del carbonio 14 o radiocarbonio, presente nelle sostanze organiche. La misura della radioattività ha stabilito (con informazione esatta all'89 per cento) un valore «centrale» di 1050 corrispondente all'anno di morte di S. Amato da Nusco. Tale data (1050), scientificamente accertata non solo ha avvalorato la tesi di Ferdinando Ughelli secondo cui l'assunzione a vescovo di Amato da Nusco avvenne nel *1048 circa*, ma ha reso storicamente inutili: 1) la *Vita* agiografica scritta da Francesco De Ponte, nella quale senza citazione di fonti si espongono sedici miracoli ottenuti per intercessione di Amato da Nusco, 2) la *Relazione della Madonna di Montevergine* in cui l'abate Mastrullo raffigurò Amato, vescovo di Nusco, come discepolo di San Guglielmo da Vercelli. In verità Amato, vescovo di Vico (ossia Trevico), che era stato monaco a Montevergine, si trova presente nell'atto di stipula del contratto di donazione della chiesa di S. Giovanni di Acquara (nel maggio 1136).

Il duca Roberto il Guiscardo

Non c'è dubbio che il migliore periodo della storia civile e religiosa di Nusco fu quello dei Normanni. Roberto il Guiscardo (Astuto) d'Hauteville, il più grande per valore degli *Altavilla*, arrivò in Italia nel 1046, con l'amico Riccardo Drengot, «il normanno che fece la grande Aversa» (come si legge nello studio monografico di Romualdo Guida). Amato di Montecassino ne evidenziò la statura di guerriero e di politico: «Roberto era giudice giusto di quanti avevano a che fare con lui; e giudicando secondo giustizia, distribuiva il perdono e la pietà. Onorò i sovrani pontefici e difese e conservò i loro possessi, e diede loro del suo. E riveriva vescovi e abati, e temeva Cristo in coloro che ne sono i vicari (...). Osservò molto bene la massima: «Sarai tanto più grande, quanto più ti umilierai a tutti».

Alla morte di Umfredo d'Altavilla (1057), conte di Puglia, Roberto il Guiscardo si era appropriato dei diritti di Abelardo (o Abegelardo), che fu sostenuto nella ribellione contro lo zio Roberto da Gisulfo II, principe di Salerno, il quale intendeva riprendersi i castaldati di Cosenza e di Cassano (allo Ionio), da lui scissi per assegnarli in dote alla propria sorella Sichelgaita, che fu la seconda moglie di Roberto il Guiscardo, dalla quale nacque Ruggero d'Altavilla detto Borsa (m. 1111), che succedette (1085) al padre Roberto il Guiscardo. Ruggero Borsa cedette Taranto al fratellastro Boemondo, che nella prima Crociata prese Antiochia (1098) e ne divenne principe. Nel corso dell'impresa di Sicilia, che fu conquistata in trent'anni da Ruggero I d'Altavilla, Roberto il Guiscardo si adoperò per continuare ad ampliare i propri domini sul continente. Avuta mano libera su Salerno da Riccardo, principe di Capua e conte di Aversa, egli marciò, con l'appoggio dell'esercito di Riccardo, contro Gisulfo II. Gregorio VII (Ildebrando di Soana), papa dal 1073, li scomunicò entrambi.

Il *Chronicon Amalfitanum* attesta che il duca Roberto d'Altavilla, dopo tre anni di assedio, «prese Santa Severina, città della Calabria, conquistò la città di Cosenza e, dopo aver circondato S. Agata, la occupò dopo incessante assedio». Assoggettò, quindi, Rotonda, nella valle di Laino, ed arrivò a Salerno (6 maggio 1076), senza passare per le strade più lunghe e rischiose di Conza, di Nusco e Rotonda di Montella. Roberto il Guiscardo per prendere il castello di Salerno, dove s'era rinchiuso il cognato Gisulfo, fece scavare una trincea intorno al lato settentrionale del castello, «onde evitare che nessuno potesse entrare o uscire». Nella lettera del 31 ottobre 1076, Gregorio VII, che aveva scomunicato Roberto d'Altavilla nei due concili del 1074 e del 1075, precisò: *Noi d'altra parte non saremo partecipi con il nostro consenso alla sacrilega invasione»* dei Normanni. Il cronista Anonimo Cassinese afferma che Salerno cadde per «spaventosa fame dei cittadini» (13 dicembre 1076). Abelardo d'Altavilla, per non morire di fame, lasciò la città di Salerno, dove s'era rifugiato, e se ne tornò in Calabria per accendervi il fuoco della ribellione contro lo zio Roberto il Guiscardo. Gisulfo II si arrese al cognato Roberto senza condizioni (nella primavera del 1077). Spettò a Giovanni, fratello di Gisulfo II, di consegnare Salerno e la sua rocca a Roberto il Guiscardo e ai suoi cavalieri. Gisulfo II si ritirò prima a Nocera e poi a Roma sotto la protezione del pontefice. Salerno, da capitale del Principato longobardo, dopo 237 anni passò a capitale del *Principato normanno*. Stando così le cose, l'incontro di Sant'Amato con Roberto il Guiscardo a Monte Gugliano di Nusco è *pura fantasia* di marca locale, perché Roberto il Guiscardo era scomunicato quando marciava alla conquista di Salerno e Amato arciprete di Nusco non poteva scendere a patti con lui (mettendosi contro il papa). Pertanto, Roberto il Guiscardo con le sue milizie non attraversò Nusco e questa non è «debitrice» della cattedra vescovile né al duca Roberto il Guiscardo, né ad Alfano I, arcivescovo di Salerno. All'epoca dell'arciprete Amato da Nusco, Giovanni era arcivescovo di Salerno (1047-1054). Va ricordato che è falsa la notizia che la mitra, rubata la notte del 28 maggio 1705, fu un regalo di Roberto il Guiscardo ad Amato, appena consacrato vescovo. I due personaggi storici non ebbero alcun rapporto tra loro.

La leggenda che ha varcato l'oceano

Le mamme o le nonne, specialmente quelle di Long Island City (New York), dove una colonia nuscana mantiene inalterate le tradizioni nuscane, raccontano una favoletta per fare addormentare i piccolini. I protagonisti sono: Roberto il Guiscardo, duca di Puglia, Calabria e Sicilia (non ancora conquistata), e Amato, arciprete di Nusco. Una volta, dice la leggenda, il duca Roberto il Guiscardo, seguendo il corso del fiume Ofanto, occupò i castelli di Monteverde, di Conza, di Monticchio dei Lombardi (1076) e si fermò a qualche chilometro di distanza dal castello di Nusco, di sua proprietà, che costituiva la «chiave maestra» per la conquista della capitale del principato longobardo tenuta da suo cognato Gisulfo II. Nella contrada "Serre" di Nusco, Roberto il Guiscardo si presentò al cospetto dell'arciprete Amato, che lo ammonì e gli consegnò le chiavi del castello per evitare spargimento di sangue. Salutato come «salvatore della pace e della sua patria», l'arciprete Amato fu creato vescovo di Nusco, per riconoscenza e raccomandazione di Roberto il Guiscardo, nuovo principe di Salerno. Mentre i bambini si addormentano, la loro mamma si chiede dov'è la bolla papale o arcivescovile d'istituzione della diocesi di Nusco. È tutta qui l'incertezza sulle origini di Nusco e della sua Chiesa. D'altra parte la *ricognizione* delle reliquie di S. Amato non definisce con precisione la sua appartenenza all'etnia longobarda e neppure specifica nettamente se le lesioni localizzate in sede cranica, soprattutto il foro al centro, fossero di natura traumatica o patologica. Si può ipotizzare quindi che i segni esistenti sulla volta cranica siano riconducibili ad una probabile malattia sistemica, che scomparve al momento della morte.

Si tramanda che per ricordare l'avvenuta pacificazione di Amato, arciprete nuscano, con il duca Roberto d'Altavilla, fu costruita un'edicola alle Serre di Montegugliano, dedicata a S. Amato, che per «vendicare» (è il termine che adoperò Don Giuseppe Passaro) il papa Leone IX, sconfitto presso Civitate (a Sud del Gargano) e fatto prigioniero (1053), fece sentire la potenza del proprio braccio ecclesiastico, scagliando dall'alto una grossa pietra, i cui buchi sono segni visibili delle sue robuste dita. La leggenda, che gli studenti di scuola media (classe II B), nel pubblicare il libro di ricerche e di magnifiche foto chiamano «poetica iperbole», non è l'unica esagerazione della storiografia nuscana cui essi hanno attinto. Finora la tradizione locale e la «sregolata fantasia» dei Nuscani non hanno consentito di prendere in considerazione che Amato da Nusco morì nel 1050 e mai s'incontrò con Roberto il Guiscardo. In breve, le *Legendae* sulla vita del vescovo Amato sono *inattendibili*, ma la fama di santità e il clima di prodigio da lui suscitato come protettore di Nusco e pastore di anime, sono e sempre saranno motivo di venerazione e di vivo stupore.

La cattedrale di Nusco fu costruita con il concorso della popolazione, divisa tra uomini di chiesa, contadini e cavalieri, in un luogo significativo, che era la sede della reliquia del martire Santo Stefano. Successivamente la reliquia del corpo di Sant'Amato costituì un vero e proprio inno elevato alla potenza di Dio.

Degna di memoria è la data del 30 settembre 1993, in cui hanno partecipato alla celebrazione eucaristica tenutasi nella cattedrale di Nusco: il cardinale *Michele Giordano*, arcivescovo di Napoli; *Mario Milano*, arcivescovo di S. Angelo dei Lombardi-Conza-Nusco-Bisaccia; *Mojaiski Perrelli* arcivescovo emerito; *Ferdinando Palatucci*, arcivescovo emerito di Amalfi-Cava dei Tirreni; *Felice Cece*, arcivescovo di Sorrento-Castellammare; *Francesco Toppi*, arcivescovo-prelato di Pompei; *Gioacchino Illiano*, vescovo di Nocera- Sarno; *Giuseppe Rocco Favale*, vescovo di Vallo della Lucania; *Mario Paciello*, vescovo di Cerreto-S. Agata dei Goti; *Pio Francesco Tamburrino*, abate di Montevergine. Nell'omelia il cardinale Giordano ha dato risalto alla *santità* del vescovo Amato, *padre della fede* dei Nuscani, che ha costruito la chiesa maggiore e altri sacri luoghi di aggregazione «non solo liturgica, ma anche sociale e, quindi, di seminagione di civiltà».

Il disorientamento di Ughelli

Ferdinando Ughelli cistercense, autore della monumentale opera: *Italia Sacra*, compilò in essa la «*Serie dei Vescovi di Nusco*». Parlando della città scrisse che era formata «di circa 400 famiglie» e alla sua età ubbidiva «nelle cose temporali al barone della famiglia Imperiale, nobile di Genova». Egli affermò - con grande convinzione - che la chiesa di Nusco era suffraganea di Salerno, «*fin dalla sua istituzione, che ebbe inizio nel 1048 circa*». E aveva ben ragione. Per stabilire tale data, si servì della *Cronologia* dei Vescovi di Nusco inviatagli, nel 1638, da Mons. Michele Resti. La *Cronologia* fu fatta sparire, sia perché conteneva la vera data di erezione della chiesa di Nusco (1048), sia perché non faceva cenno della pergamena del Testamento di S. Amato, la quale rimase, secondo Gennaro Passaro, «certamente inutilizzata, senza escludere che sia andata perduta» (*Bibliografia storica ragionata*, p. 36). E questo spiega perché la copia del testamento di S. Amato non fu pubblicata da Ughelli nella prima edizione dell'*Italia Sacra* (1659): il Testamento di Sant'Amato era infatti *inesistente*. La Cronotassi compilata dal vescovo Resti è andata perduta o, meglio, fu rubata. Di lì a poco D. Amato Pasquale Ranese, arciprete della cattedrale di Nusco e notaio apostolico scampato alla peste, inviò una copia improvvisata del Testamento di S. Amato e Ughelli finalmente la pubblicò nel IX volume dell'Italia Sacra (1662). Ma per le polemiche e le false notizie ricevute da Nusco e da Montevergine,

Ughelli cadde nell'equivoco che S. Amato da Nusco volò al cielo nel 1093 ricavando, dal *Martyrologium Romanum* (1584), che il Santo morì il 31 agosto. Sottraendo dalla data di morte (1093) quella del 1048 (erezione della sede vescovile), Ughelli calcolò che S. Amato avrebbe tenuto un episcopato di 45 anni.

Una questione risolta

Sulla questione dell'espulsione del testamento di S. Amato dall'Ufficio di Francesco De Ponte, Pasquale Astrominica, canonico teologo della cattedrale, rispondeva nel suo *Cenno storico sulla Chiesa vescovile di Nusco* (Napoli, 1848, p. 10): «Si fa gran caso del silenzio del de Ponte di questa pergamena; ma noi osserviamo che da una parte il silenzio poteva essere giudizioso, perché a quei tempi andandosi in cerca di documenti (in latino *monumenta*), e la forza teneva luogo di ragione, nominarla era un perderla di certo; dall'altra egli non scriveva storia, e perciò doveva narrare il fatto a quei medesimi che possedevano il documento». È chiaro che Astrominica non dava una risposta confacente, ma si arrampicava agli specchi. Gennaro Passaro, perciò, rimaneva incerto sulla risposta da dare alla questione: fino a che punto dobbiamo avere fiducia dell'opera di De Ponte se essa fu scritta diversi secoli dopo la morte del Santo, «pur essendo la più antica agiografia esistente»? Egli confessava con schiettezza: «Per le nostre convinzioni non possiamo accettare nemmeno di discutere il quesito; tuttavia, anche se ci suona come una provocazione, non ci sentiamo di respingere la domanda perché resta pur sempre lecita». Gennaro non si pose, date le sue opinioni, una questione ben più spinosa: perché la cattedrale di Nusco si denominava di Santo Stefano e cominciò, soltanto dal 17 settembre 1751, a chiamarsi cattedrale del *Santissimo e Sant'Amato*? La risposta si trovava nel documento del 1104, che permise a P. B. Gams (*Series Episcoporum Ecclesiae Catholicae*) e a K. Eubel (*Hierarchia Catholica medii aevi*) di cominciare da Guido la serie «accertata» dei vescovi di Nusco.

Iconografia di S. Amato

Gennaro Passaro, nelle sue puntigliose e apprezzabili ricerche, ha trovato 66 effigie di S. Amato; ne ha pubblicate sessantacinque delle quali gran parte si trovano a Nusco, soprattutto nella cattedrale, e dodici al altre località, «quasi sempre in edifici di culto». Le rappresentazioni del Santo nei monumenti, nei busti d'argento, nelle statue di legno, nei dipinti e negli affreschi, nel ricamo di paramenti sacri, nelle incisioni a stampa, nello stendardo della Società di S. Amato di Long Island City (U.S.A.), sulle campane, sulle medaglie, su vetro istoriato, sono testimonianze secolari, che non hanno particolare valore artistico, ma storico e ideale, poiché rivelano l'inestinguibile devozione per S. Amato, che di solito è raffigurato nei panni pontificali e persino in abito monastico (come nelle Cronache di Montevergine e nella chiesa rurale di Lanciano). In un'incisione in rame del 1803, sotto il Santo benedicente circondato da un coro d'Angeli, l'epigrafe latina elogia le virtù, la carità verso i poveri, la dottrina, lo zelo nel predicare il Vangelo e i miracoli ottenuti presso Dio dal Patrono di Nusco e dei paesi della Diocesi (Bagnoli, Montella, Cassano). S. Amato è di solito raffigurato con la barba, con il pastorale nella mano destra, con il libro della sapienza nella sinistra e il gregge ai suoi piedi, simbolo dei fedeli. Notevolissima risonanza ha avuto l'*Orazione a S. Amato*, splendido esempio di perfette virtù e di amore verso il suo popolo: «O glorioso S. Amato, che in tempi di tenebre splendesti di santità nella tua patria / e la sollevasti a nuovi costumi e nuova vita civile, / deh! stendi su tutti i tuoi devoti l'opera tua benefica. / Tu avvivasti nel tuo popolo il fervore della fede e della pietà cristiana, Tu fosti sollievo negli affanni, scampo nei pericoli, e Tu conserva ognora all'ombra tua il popolo del tuo acquisto e quanti invocano il tuo nome benedetto. / O padre e pastore della tua Nusco spira nei cuori la carità, che ti accese verso il tuo gregge, sicché, amandoci in terra, possiamo esser insieme con Te cittadini in cielo».

L'impegno di Gennaro Passaro

Gennaro Passaro (1936-2017) è stato degno rappresentante della cultura irpina e della storia di Nusco, come attestano i suoi numerosi articoli e le sue opere pubblicate a stampa: *Bibliografia storica ragionata su Sant'Amato da Nusco* (Nusco, Poligrafica Irpina, 1993); *Vita e opere e miracoli di Sant'Amato da Nusco. Le fonti storiche* (Nusco, Poligrafica Irpina, 1993); *Iconografia di Sant'Amato da Nusco* (Nusco, Poligrafica Irpina, 1994); *La ricognizione delle reliquie di Sant'Amato Vescovo e Patrono di Nusco e dell'Arcidiocesi* (Materdomini, 2006). Il suo sagace impegno di studioso era basato sulla fedele e gelosa tutela delle tradizioni e degli usi locali. Questa passione apprezzabile di osservatore pieno di ardore e di portavoce dell'intera comunità fu, nello stesso tempo, un suo limite, perché non gli permise di trasformarsi in storico, che giunge a grande altezza espungendo leggende e miti dalla penetrazione e valutazione degli avvenimenti municipali o nazionale. In breve, egli è stato superiore a tanti altri ma gli è mancata la «critica storica», che ricerca e discute l'attendibilità delle fonti e dei documenti e aggiorna e rinnova la concezione e il metodo storiografici. Gennaro Passaro, assiduo «cultore» della materia, ha fatto prevalere il «culto» a difendere personaggi, costumi e cose obsolete. Nel raccogliere diligentemente i libri degli scrittori nuscani (la sua ricca biblioteca è rimasta, purtroppo, inaccessibile), è stato attratto non tanto dalle opere di Giuseppe Passaro, di cui è stato per diverso tempo collaboratore, quanto dal «ben noto e meritevole lavoro» di Eliodoro Capobianco: *Amato da Nusco. Monografia storico-critica* (Avellino, Pergola, 1936). S'è accontentato, quindi, di elencare, raccontare, descrivere e non di spiegare come questi ingredienti si combinino con gli altri per delineare un quadro nuovo e per spingersi oltre il patrimonio come esperienze civili e morali accumulate in precedenza. Nella scheda dedicata a Eliodoro Capobianco, professore di materie letterarie nel Seminario vescovile di Nusco, Gennaro scriveva che il teologo della cattedrale aveva respinto le critiche e le illazioni degli scrittori «avversari», che avevano dichiarato Amato «monaco verginiano» vissuto nel secolo XII. Su questo capitolo, Gennaro aveva ragione di rallegrarsi perché l'erudito canonico Capobianco *relega, come ha scritto il gesuita Francesco Halkin, nel tomo 56 degli Analecta Bollandiana (1938, p. 415), definitivamente nel regno delle leggende le invenzioni degli agiografi di Montevergine. Per fare del vescovo di Nusco S. Amato un discepolo del loro fondatore S. Guglielmo da Vercelli (+ 1142), questi buoni monaci non avevano esitato a ringiovanire di cento anni e a fissare la data della sua morte al 30 agosto 1193 invece del 30 settembre 1093.* Si deve ascrivere a Eliodoro Capobianco, il cui fratello Pietro scrisse le *Memorie nuscane* (che Gennaro definiva «interessante opuscolo», mentre è un pregevole libro), un altro merito: di aver rifiutato l'ipotesi del passaggio di Roberto il Guiscardo per il territorio di Nusco e l'incontro sul monte Gugliano con S. Amato, che era morto 26 anni prima del presunto avvenimento.

San Guglielmo

Gaetano Moroni, nel *Dizionario storico-geografico*, tradotto dall'originale inglese del 1794, alla voce Nusco precisa che S. Guglielmo *due miglia distanti da questa città, lasciò la sua spoglia nel monastero da lui edificato, detto oggi di S. Guglielmo. Questo è un monastero rinomatissimo, il quale nei secoli scorsi aveva unito con sé un altro monastero di monache delle più celebri famiglie del Regno, come appare dalla chiesa di dette monache, che sta ancora in piedi e nella quale vi si osservano le armi e imprese di tutte le famiglie e vi si vedono ancora certi monumenti delle loro manifatture. Vi era anche un casale detto Goleto o Goglito, dove il detto monastero aveva il titolo di barone e ordinario (...). Il monastero è territorio esente dalla giurisdizione dei vescovi di S. Angelo come di Nusco e immediatamente soggetto alla S. Sede Apostolica, avendoci giurisdizione vescovile il generale della Congregazione di Montevergine, come Abate di Montevergine, a cui è annesso S. Guglielmo. Tra i codici di Montevergine, dove fu traslato nel 1807 il corpo di S. Guglielmo da Vercelli è considerevole una vita di S. Guglielmo del 1158 scritta in pergamena, a caratteri longobardi, da S. Giovanni da Musco (sic).*

CASTELLO E SIGNORI FEUDALI

La costruzione del castello di Nusco con cinta muraria, simbolo del potere dei Normanni, ubicato in posizione strategica tra le valli del fiume Calore e del fiume Ofanto, ebbe duplice funzione: una difensiva in caso di assedio o di razzie e l'altra psicologica in quanto permetteva agli abitanti al calar della sera di sentirsi sicuri e protetti.

Il cronista Goffredo Malaterra pone l'accento sulla scaltrezza dei Normanni, soprattutto dei due fratelli Roberto il Guiscardo e Ruggero il Gran Conte, figure predominanti fra i Normanni, che sono considerati - come riporta il cronista benedettino Amato di Montecassino - *un popolo molto scaltro, ansioso di vendicare le offese, guidato più dal desiderio di guadagnare la proprietà altrui che da quello di coltivare le proprie terre d'origine, avido di potere*. Roberto il Guiscardo morì nel 1085 mentre assediava Cefalonia. Suo figlio Ruggero Borsa, avuta dal padre la successione al ducato di Puglia, morì a Salerno nel IIII, lasciando erede l'unico figlio Guglielmo nella minore età, sotto la reggenza della madre Adala (o Adele) di Fiandra. Il duca Guglielmo venne in guerra con Giordano conte di Ariano. Il cronista Falcone Beneventano documenta i fatti che accaddero nella città di Nusco nell'anno 1122: *E quando Guglielmo s'incontrò con il conte di Sicilia, piangendo esclamò: «Nobile conte, mi appello a te per i legami di sangue che ci uniscono e a causa delle tue grandi ricchezze e della tua potenza. Vengo a testimoniare contro il conte Giordano e ad implorare il tuo aiuto per vendicarmi di lui. Di recente, quando stavo facendo il mio ingresso nella città di Nusco, il conte Giordano mi venne incontro seguito da un gruppo di cavalieri e riversò su di me minacce e insulti dicendomi: «Ti rifilerò il mantello»; dopo di che saccheggiò tutte le mie terre di Nusco. Poiché non ho forze sufficienti per prevalere contro di lui, ho dovuto giocoforza trangugiare le sue ingiurie, ma ora non ho che un desiderio: vendicarmi.* Giordano, sconfitto ad Apice, dovette implorare pietà in ginocchio davanti al duca di Puglia. Guglielmo morì, il 25 luglio 1127, a Salerno all'età di 30 anni. Fu seppellito in un antico sarcofago nell'atrio della cattedrale di Salerno dedicata a S. Matteo. Sulla fronte del suo sepolcro è figurato in due episodi il mito di Meleagro con la caccia al cinghiale Calidonio, che rappresenta la vittoria dell'invitto eroe sulla morte. Con lui si estinse la discendenza di Roberto il Guiscardo; e i suoi possedimenti furono ereditati da Ruggero II d'Altavilla, figlio di Ruggero I conquistatore della Sicilia. Poco dopo la morte di Guglielmo d'Altavilla, il conte Giordano, che aveva recuperato i suoi feudi fra cui Montefusco, morì in battaglia e gli successe il figlio di nome Ruggero.

I Normanni da briganti o aiutanti divennero regnanti con Ruggero II d'Altavilla, che dall'antipapa Anacleto II ricevette ad Avellino (1130) il titolo di re di Sicilia e degli Stati principeschi di Puglia, Calabria e Capua, e nel Natale del 1130 fu incoronato a Palermo.

Dal *Catalogo dei baroni* risulta che la città murata di Nusco appartenne, in epoca normanna, alla famiglia de Tivilla, originaria di Théville. *Radulfo de Tivilla* ebbe da Ruggero II d'Altavilla, primo re di Sicilia, il possesso dei feudi di Nusco, Montella e Baiano. *Simone de Tivilla* successe al padre Rodolfo, secondo il diritto dei Franchi, in qualità di primogenito. Rimasto vedovo della contessa Mabilia, sposò Saracena, della quale si conosce la grande pietà religiosa. Simone espresse, con testamento del 1158, la volontà d'essere seppellito nella badia di Cava. *Eude*, suo fratello secondogenito, tenne per breve tempo il feudo di Nusco. Nel 1150 fu investito del feudo *Guglielmo de Tivilla*, «dominator Nusci et Montellae», come risulta da una pergamena dell'Archivio di Cava, consultata da Alessandro di Meo. Per incarico del re Guglielmo I d'Altavilla, detto il Malo, convocò una Curia speciale alla Pollentina di Cassano, vicina al fiume Calore, per la convenzione tra Guglielmo, vescovo di Nusco, e Landolfo, abate di Fontigliano. *Fulco de Tivilla*, fratello di Guglielmo, perdette il feudo di Nusco per essersi schierato contro il re di Sicilia. Prima del mese di maggio 1166, il feudo di Nusco fu confiscato e cessò di appartenere alla Casa de Tivilla.

Ruggero de Medània si onorò del titolo di conte di Acerra e di Conza e signore di Nusco (*de honore comitatus et baroniae*). Non lasciò eredi diretti e il feudo di Nusco passò, nel settembre 1171, al nipote materno. *Riccardo d'Aquino*, cognato di Tancredi di Lecce, si schierò contro l'imperatore Enrico VI di Svevia, che rivendicava il regno di Sicilia per sua moglie Costanza d'Altavilla. Ne uscì vittorioso Enrico VI, che lo fece arrestare e rinchiudere nella fortezza di Capua. Riccardo fu trascinato da un cavallo per le vie di Capua e appeso alla forca per i piedi. Dopo tre giorni di straziante agonia, morì con un nodo scorsoio al collo, gettatogli da un giullare dell'imperatore. Tutti i beni del condannato, compreso il feudo di Nusco, furono sequestrati e assegnati a *Diopoldo von Schweinspeunt*, creato da Ottone IV di Brunswik duca di Spoleto. Egli fu artefice di un'autonoma politica di potenza, «che destabilizzava il Mezzogiorno continentale» (Hubert Houben). Federico II gli tolse il contado di Acerra, e di questo investì *Tommaso I d'Aquino*, che passò ad altra vita il 27 febbraio 1251. Essendo Adenolfo d'Aquino premorto al padre Tommaso, la contea di Acerra e Loreto e le signorie di Sarno, Marigliano, Ottaviano e Nusco passarono a *Tommaso II d'Aquino*. Questi, per la sua fedeltà, energia e valore, fu premiato dall'imperatore Federico II di Hohenstaufen, che gli diede in moglie Margherita, sua figlia naturale. Giuseppe Passaro prese una svista nel credere che la madre di Margherita fosse Bianca Lancia. Margherita d'Ugento, figlia di Richina di Wolfsolden, si maritò, nel 1247, a Tommaso II d'Aquino.

Federico II di Svevia, figlio di Enrico VI e di Costanza d'Altavilla, mirò con la costituzione *Castra munitiones et Turres* (1220) al consolidamento «fisico» del potere dello Stato e provvide all'abbattimento dei castelli privati. Si riservò, quindi, il diritto di restaurare i castelli di dominio pubblico più antichi e cominciò a costruirne di nuovi, non lontani di 30-50 chilometri tra loro, in quanto dovevano servire per le soste dei frequenti viaggi del corteo imperiale o per le battute di caccia con il falcone. Gli architetti che fino ad allora s'erano dedicati alla costruzione di chiese divennero abili costruttori di castelli e palazzi. Il signore di Nusco, ricevuto in dono il castello, dovette quasi certamente provvedere con il consenso del sovrano ai lavori strutturali (con la costruzione di torri ottagonali tipiche dello stile dell'architettura federiciana) e all'armamento difensivo.

Manfredi, figlio di Federico II di Svevia e di Bianca Lancia, si trovava ad Acerra in casa del cognato Tommaso II d'Aquino, conte d'Acerra e signore di Nusco, quando fu avvisato che il papa Innocenzo IV voleva imprigionarlo per l'uccisione di Borrello. Manfredi per mettersi al sicuro cavalcò di notte, il 5 ottobre 1245, verso Marigliano. Arrivò ad Atripalda in compagnia di Marino e Corrado *Capece* e dopo il frettoloso pranzo corsero al galoppo verso Nusco, «che era del conte di Acerra». Il cronista Niccolò Jamsilla scrive: *Nello stesso giorno, giunsero ad un castello del conte di Acerra detto Nusco, dove i paesani fecero al principe grandissimo onore da parte del detto conte, che era suo cognato; sicché egli non poteva più dubitare, se non per lontanissimo sospetto, che venisse gente dell'esercito del papa ad inseguirlo, e però passò colà la notte con quella sicurezza che la condizione e la qualità del luogo concedevano, e l'altro dì in sul fare del giorno si pose in via verso Guardia.* Il principe Manfredi partì da Nusco la mattina del 7 ottobre 1254. Passò per Guardia Lombarda, Ascoli, Venosa e arrivò a Lucera, dove abbatté le porte e vi entrò acclamato dai cittadini, che gli giurarono fedeltà. Tommaso II d'Aquino morì il 15 marzo 1273, la moglie Margherita d'Ugento morì nel 1297. *Adenolfo d'Aquino* il primogenito ereditò i beni paterni: la contea di Acerra e il feudo di Nusco. Egli ottenne da Carlo I d'Angiò l'autorizzazione a istituire a Nusco una fiera do otto giorni nell'ultima settimana di maggio. Crudele la sua morte. Accusato di alto tradimento e di sodomia, fu torturato con un palo infilato nel deretano e messo al rogo (15 dicembre 1293). Da *Pietro de Lille* il feudo di Nusco passò alla famiglia francese Gianvilla, proveniente dalla città di La famiglia Joinville.

La famiglia Gianvilla

Nusco divenne feudo dei Gianvilla fino al 1522. *Goffredo di Gianvilla de Vaux* dovette lottare contro i briganti; *Niccolò I* fu assassinato nella valle del Fortore (luglio 1335); il figlio *Niccolò II* rifiutò il feudo per vestire l'abito degli eremitani di S. Agostino (prese il nome di Fra Giancola); *Amelio di Gianvilla*, suo fratello, vantò vasti beni feudali posti nei Principati Ultra e Citra, in Capitanata e nel Molise. La sua eredità fu trasmessa al figlio *Giancola di Gianvilla* nel 1404.

Nel 1413, *Bernardo Zurlo*, Gran Protonotario e Gran Maresciallo del Regno, comprò la città di Nusco con il castro «seu fortellitio». A lui successe *Salvatore Zurlo*, che fu spodestato da Giovanna II d'Angiò-Durazzo. Incamerato dal demanio nel 1426, il feudo fu dato dalla regina al suo amante, Giovanni Caracciolo detto Sergianni, conte di Avellino (1418). Egli nel 1427 donò la contea di S. Angelo con parecchi altri feudi al fratello *Marino Caracciolo*, che cessò di vivere nel 1447 e fu seppellito nella cappella di famiglia eretta nella chiesa di San Marco di S. Angelo dei Lombardi.

Nel 1959 vennero scoperti nella cripta della cattedrale di Nusco una sepoltura con quattro resti mortali della casa Gianvilla. *Giancola de Gianvilla*, approfittando dell'ostilità dei baroni alla politica di Ferdinando I d'Aragona, il re «bastardo», s'impadronì con un colpo di mano di Nusco (1460). Intanto Pio II (Enea Silvio Piccolomini, uno degli umanisti più significativo dell'epoca, con bolla rilasciata dalla nativa Siena, ordinò la soppressione della badia di Fontigliano (6 settembre 1460). È stato riportato un giudizio negativo sul conte Giancola, che «per cortezza di mente o per difetti fisici non compì alcuna azione notevole in pace e in guerra». Giuseppe e Gennaro Passaro non esitano a riconoscergli il merito d'aver fatto compilare da De Ponte il testo dell'ufficiatura nelle festività di S. Amato. A Giancola di Gianvilla, privo di eredi diretti, successe la nipote *Violante de Gianvilla*, moglie di Marino Brancaccio. Con privilegio del 13 luglio 1471, Violante fu investita della «città di Nusco e del casale di San Giorgio» (separato da Montefusco). Nella grande congiura dei baroni (1485), Marino Brancaccio si schierò contro Ferdinando I d'Aragona, al quale rimasero fedeli la moglie Violante de Gianvilla e il vescovo di Nusco. Violante non ebbe alcuna prole e la sua eredità toccò alla sorella *Ilaria di Gianvilla* (in latino *de Ianvilla*), con la quale si estinse in Nusco la famiglia Gianvilla. Sposata con Pietro Brancaccio, Ilaria lasciò due figlie: Geronima, primogenita, e Rebecca. Violante e Ilaria furono sepolte nell'ipogeo della cattedrale di Nusco, in una stessa tomba, corredata di pregevoli affreschi, con la seguente epigrafe: *Ilaria de Ianvilla / cum utroque parente / hic ubi prius Violanta / soror quiescit / secum clara familia / Janvilla extinta est / Anno Domini MDXXII.*

Prese possesso del feudo *Geronima Brancaccio*, «utile signora della Città di Nusco», come si legge negli «Statuti» concessi dall'imperatore Carlo V (11 dicembre 1535), da lei confermati. Per breve tempo successe, nel 1545, *Pietro Antonio de Aczia*, marchese della Terza, il quale morì poco dopo ed ebbe come successore *Giovan Battista de Aczia*, che oberato di debiti «per la mania di emergere in campo letteraria», come ha scritto Giuseppe Passaro, mise in vendita il feudo di Nusco, di cui rimase utile signore *Giovan Battista Cotugno* (1548-1550). Anche questo signore vendette il feudo, che passò a *Giovan Giacomo Cosso* e venduto, per debiti contratti e con il beneplacito della famiglia, a *Giovan Battista Ceraso*, che per istanza dei creditori dovette rivendere il feudo di Nusco a *Felice Ceraso*, il quale ne ebbe convalida, nel 1556, dal Duca d'Alba, viceré di Napoli. Successe, nel 1560, il figlio *Giovan Angelo Ceraso*.

La famiglia Caracciolo

Nel 1564, *Giovan Giacomo Caracciolo del Sole*, conte di Sant'Angelo e marito di Giustiniana Caracciolo, acquistò per 4000 ducati il feudo di Nusco, che per eredità passò a *Carlo Caracciolo* (1576), marito di Anna de Mendoza, la quale fondò a Pizzofalcone in Napoli la Casa dell'Annunziatella con annesso l'edificio del Noviziato dei Gesuiti, e a *Caterina Caracciolo* (1584), contessa di Sant'Angelo dei Lombardi, moglie di Ettore Pignatelli, duca di Monteleone. Caterina fu sepolta a Napoli nella chiesa di Gesù Nuovo (1622). Con lei si estinse il ramo dei Caracciolo del Sole.

Erede del feudo di Nusco fu dichiarato, per via matrimoniale, *Francesco Maria Carafa*, duca di Nocera, che a conclusione di alcune vicende di acquisti e annullamenti, lo vendette alla famiglia genovese Imperiale, ascritta nel Libro d'oro della nobiltà di Napoli al Seggio di Capuana.

La famiglia Imperiale

Giovan Vincenzo Imperiale (Genova 1582-1648), noto nel mondo della letteratura per aver composto il poema "Lo stato rustico" e per la prosa dei "Giornali", ereditò dal padre Giovanni Giacomo Imperiale, un ingente patrimonio. Egli acquistò, il 4 aprile 1631, lo Stato di Sant'Angelo dei Lombardi comprendente le città di S. Angelo e Nusco, i feudi di Lioni, Andretta e Carbonara. Rogato l'atto notarile, fece prendere possesso del feudo a Niccolò Oreggia, abile amministratore. Giovan Vincenzo Imperiale si recò personalmente a S. Angelo dei Lombardi. Imbarcatosi a Genova, approdò a Posillipo di Napoli. Il 30 marzo 1633, salito su un cocchio tirato da sei cavalli, si diresse in compagnia del figlio Gian Giacomo verso Avellino per visitare il Parco del Principe Caracciolo. Passò la notte ad Atripalda e il giorno dopo prese la strada di Volturara. Arrivato a Ponteromito, affrontò la salita e arrivò a Nusco, dove fu accolto dal vescovo Michele Resti, da musiche, encomi ed ossequi. La sera andò a dormire nel suo castello di Nusco. Qui, come pure in S. Angelo, scorrazzavano i briganti e i guardiani delle porte del Castello «in odio al vescovo, che si era voluto mettere al sicuro in Bagnoli, bene spesso fingevano di dormire all'approssimarsi dei malandrini».

Giovan Vincenzo Imperiale volle nel suo secondo testamento trasmettere il possesso del feudo al figlio secondogenito, *Giovan Battista Imperiale*. Il Sacro Real Collegio decise, però, d'intestare il feudo a *Landolfo d'Aquino*, dottore in legge, in modo che alla morte di costui passasse al figlio *Luise d'Aquino*. Seguirono violenti litigi fra gli eredi della famiglia Imperiale, che raggiunsero l'accordo del 1676, sicché alla Casa Imperiale rimase il feudo con *Francesco Maria I* senior. Egli fu colto da morte il 1º agosto 1678. Il figlio primogenito Giacomo era premorto a lui e il feudo passò al nipote *Francesco Maria II*, il quale ereditò le città di Sant'Angelo e Nusco e i feudi di Lioni, Carbonara, Monticchio e Oppido (7 dicembre 1718). Si fece ritrarre in un'effigie di S. Amato incisa su rame nel 1713. Il Serenissimo Imperiale, con una lunga parrucca, in ginocchio offre corona e scettro al Santo che benedice tra un coro d'Angeli. Nello sfondo è la prospettiva della città di Nusco. Ai piedi del doge è lo stemma di famiglia. Particolare importanza assume la data del patrocinio (ultima domenica di luglio).

Il feudo di Nusco passò, per rinuncia fatta dal primogenito Giovan Giacomo, a *Giulio I Imperiale*, che fu insignito dall'imperatore

Carlo VI d'Austria del titolo di *principe di S. Angelo dei Lombardi* (19 ottobre 1738). Poco dopo egli morì in Napoli (17 dicembre 1738). A lui successe il figlio primogenito *Placido*, che nella minore età ebbe come tutori la principessa Maria Cornelia Pallavicino e Agostino Salluzzo, duca di Corigliano in Calabria. Placido Imperiale è ricordato per aver fondato con una colonia di Albanesi Poggio Imperiale, piccolo centro alle falde del Gargano, e per aver fatto costruire la cartiera e il mulino di Ponteromito. Ristrutturò il castello di Nusco a dimora principesca.

Giulio 2° di tal nome fu dichiarato erede dei beni paterni, con decreto di preambolo della Gran Corte della Vicaria del 15 dicembre 1786.

Nel 1799, i Sanfedisti misero a ferro e a fuoco il castello di Nusco.

Giulio 2°, ultimo signore di Nusco, fu privato dei suoi beni per la legge eversiva della feudalità (1806); morì a Napoli nel 1808, senza lasciare figli maschi. Il titolo passò alla nipote Carolina Berio sposa di Sebastiano Marulli, duca d'Ascoli (Erasmo Ricca, *Istoria de' feudi del regno delle Due Sicile*, IV, Napoli, De Pascale, 1862).

La famiglia Ebreo comprò il castello nel 1833 e lo cedette poi al Comune di Nusco. Nel 1910 furono abbattute le mura pericolanti; ma resta in piedi la storia dell'antico maniero, che mostra le sue cortine e torri in rovina.

SPIGOLATURE

Fiammetta di Boccaccio

Molti signori e cavalieri francesi vennero con Carlo d'Angiò, fratello di San Luigi IX re di Francia, alla conquista di Napoli. Carlo I d'Angiò, impadronitosi del regno di Sicilia, rimunerò di Stati e di ricchezze quei signori e cavalieri che lo avevano seguito e che fecero la loro abitazione in Napoli o in altre parti del Regno; fra essi figurano i Joinville (in italiano Gianvilla) de Vaux.

Goffredo II di Gianvilla per la sua fedeltà al re ebbe da Carlo II d'Angiò, detto lo Zoppo, i feudi di Nusco e Bagnoli (in Irpinia) con altri beni dei d'Aquino. Incontrò in combattimento tragica morte nel 1296.

Il figlio *Filippo di Gianvilla*, essendo minorenne, detto perciò Filippotto, godette la tutela della madre Filippa di Beaumont in Gâtinais (+ 1318), dello zio Giovanni e del Sovrano, da cui nel 1308 ottenne di tenere «pubblico mercato», nel giovedì di ogni settimana, dentro il territorio di Nusco, presso «il Ponte d'Ulmito», oggi

Ponteromito. Nel 1311, Filippo di Gianvilla, appena ventenne, sposò Ilaria di Sus, figlia di Amerigo I barone di Marioles, vedova di altri due nobilissimi Signori, essendo stata «primieramente maritata a Eustasio di Sabrano figliuolo d'Ermingano conte d'Ariano Gran Giustiziere del Regno e parente del Re; per morte del quale Ilaria di Sus si rimaritò al conte *Gentile* di San Giorgio, Signore d'un grande Stato in Calabria e capitano Generale per Re Carlo II in Puglia e in Terra d'Otranto» (Camillo De Lellis, *Famiglie nobili del Regno di Napoli*, Saulo, 1654, p. 40). Da Ilaria di Sus e Filippo di Gianvilla nacque Niccolò, unico erede. Filippo di Gianvilla, I° conte di Sant'Angelo (dei Lombardi), morì il 20 agosto 1315. Ilaria di Sus non si fece prendere dallo sconforto e, per accrescere i beni patrimoniali, ebbe due altri mariti. Trasferitasi a Roma, si maritò a *Benedetto Caetani*, conte palatino (nipote di papa Bonifacio VIII), che morì nel 1322. Il quinto marito di Ilaria di Sus fu *Tommaso d'Aquino*, consanguineo di San Tommaso. Per la morte del padre omonimo, egli ebbe conferma, con privilegio del 20 marzo 1305, degli Stati di Genitocastro e Barbaro in Calabria.

Spentosi all'età di 61 anni, Carlo II d'Angiò (6 maggio 1309), salì al trono di Napoli il figlio Roberto, duca di Calabria dal 1296, principe di Salerno dal 1304, capo dei Guelfi toscani dal 1305. Roberto il Saggio regnò per 34 anni. Considerato da Giovanni Villani «il più savio tra' cristiani», fu ammirato dagli intellettuali del tempo per il suo sapere in tutti i rami dello scibile. Giovanni Boccaccio affermò che Roberto era «il re più sapiente del mondo, dopo Salomone». Francesco Petrarca si sottopose, nel 1341, per tre giorni, al giudizio del sovrano, per potersi fregiare dell'alloro poetico. Dante però lo ritenne «re da sermone». Roberto d'Angiò, in data 8 febbraio 1331, conferì a Tommaso d'Aquino il titolo di conte sulla terra di Genitocastro, «da denominarsi per il futuro Belcastro». Egli pertanto fu il I° conte di Belcastro. Aveva sposato in prime nozze Giovanna de Montibus; dalla seconda moglie, Ilaria di Sus, ebbe due figli: il primo chiamato Adinolfo e il secondo Cristofaro.

Tommaso d'Aquino allevò come una figlia Fiammetta, «la sola donna della mente» di Giovanni Boccaccio, che s'invaghì di lei, che era sposata a un nobile della corte di Roberto d'Angiò, vedendola - il sabato santo del 1324 - nella chiesa di S. Lorenzo in Napoli. Allora Boccaccio, che abitava non lontano dalla chiesa, mise la letteratura al servizio del suo amore. Prima egli fu corrisposto e poi tradito da Fiammetta, nome «fittizio» di Maria dei conti d'Aquino, figlia naturale di re Roberto. Nel romanzo *Filoloco*, Boccaccio fece intendere che Fiammetta si chiamava Maria. Lo stesso Boccaccio indicò, con una perifrasi, i genitori di Fiammetta: la madre fu la «bella francese» (cioè Ilaria di Sus, la «favorita» del Re); il padre (putativo) fu «il congiunto del Campagnino, che lo spagnol seguìo». In verità, Tommaso d'Aquino, conte di Belcastro e signore di Nusco e Bagnoli, era pronipote di San Tommaso, che nacque a Roccasecca (nella Campagna di Roma) e si fece frate dell'Ordine domenicano fondato dallo spagnolo Domenico di Guzmán. Boccaccio, «consigliere e ciambellano» di re Roberto, ebbe alla corte angioina un'esperienza di vita e di cultura varia e intensa. Fiammetta, che non era una pura iconografia letteraria, passò ad altri amori. Boccaccio compose, fra il 1348 e il 1354, il *Decameron*, un solenne edificio illuminato e ravvivato dal calore della fantasia. Come disse Francesco De Sanctis, il Decameron è, nel colmo della peste del 1348, il libro dell'intelligenza profana come la Commedia è il libro dell'intelligenza sacra. Ilaria di Sus morì nel dicembre 1334; Tommaso d'Aquino, risposatosi con Costanza de Sangineto, sopravvisse fino al 1339.

La Vita di S. Amato scritta da De Ponte

Giancola Gianvilla fu l'ultimo conte di S. Angelo della Casa de Joinville. Il 6 settembre 1460 il pontefice Pio 2° ordinò, con bolla rilasciata da Siena, la soppressione della badia di Fontigliano. Giancola de Gianvilla, signore di Nusco, l'anno dopo sponsorizzò l'*Officium* ossia la *Vita di S. Amato*, che termina con la postilla: «Giancola de Giamvilla, conte di S. Angelo e signore di Nusco, a lode, gloria e devozione del santo confessore Amato, volle che fosse scritta questa *Vita* nell'anno 1461, nella ricorrenza dell'ottava indizione, da me Don Francesco De Ponte». Il primo autore di un'agiografia di S. Amato, Francesco De Ponte, fu considerato uno scrittore «sufficientemente colto, sincerissimo e fedele», tanto che Gennaro Passaro, tenace e approfondito conoscitore della storia di Nusco, ebbe a scrivere: «È merito soprattutto di Francesco De Ponte, cittadino e sacerdote nuscano, se possiamo dire ancora qualcosa di storico e di organico sulla vita e sull'opera di Sant'Amato». Eppure Gennaro Passaro mise scrupolosamente in evidenza una grande lacuna: «Sia nel manoscritto originario in pergamena, sia nell'opuscolo a stampa, non compaiono i nomi dei vescovi «pro tempore», né prefazioni o presentazioni, né tanto meno «imprimatur» o permessi ecclesiastici di sorta». E allora come si spiega tutto ciò? La risposta è che Francesco De Ponte era «fedele» nel senso che era «devoto» al Santo nuscano ma non si curava delle fonti e dei documenti storici, che per «fare storia» hanno bisogno di una o più persone capaci di leggerli e quindi di farli parlare, di farli esprimere. Gli mancò, quindi, la visione della storiografia come «interpretazione» critica sulla base della serenità di giudizio e non sul fondamento dell'orazione o del sermone. L'*Offitium*, ritenuto tuttora dai compaesani una «importantissima fonte», è *privo di valore storico*: fu concepito dopo più di quattro secoli dallo svolgimento dei fatti raccontati. Facili oltre che autorevoli sono, perciò, le obiezioni rivolte dal medievalista Enrico Cuozzo sull'opuscolo scritto da Francesco De Ponte intorno alla *Vita di S. Amato* o *Legenda*. Egli vi ravvisa soltanto un nucleo storico travisato, però, «da malintesi della parola» e da «scarse notizie». Cuozzo obietta che Francesco De Ponte parla falsamente di un *archipresbyteratus*, che ebbe «lunga fortuna e vitalità» nel secolo XII, e che De Ponte dichiara che Amato istituì una comunità monastica benedettina, nel luogo detto Fontigliano, sotto il monte Laceno (*ad radicem montis Lacinii*). Il suddetto monastero ebbe per primo abate *Pestico*, consacrato da Guido (o Guidone) vescovo di Nusco, come risulta dal documento del 1104. Il suddetto documento, che mette in subbuglio tutta la tradizione nuscana alla quale i cultori di storia locale credono ciecamente, è sparito impunemente dall'archivio vescovile. Di conseguenza, lo storico Agostino Ceccaroni chiarisce che *il primo vescovo di Nusco* «di cui si abbiano *notizie certe* è Guido, che benedisse Pestico, abate di Fontigliano nel 1104». In tal modo si spiega perché nella *Bibliografia storica ragionata su Nusco*, curata da Gennaro Passaro, non sono menzionati gli storici che non fanno iniziare la serie dei Vescovi nuscani da S. Amato, la cui esistenza è però universalmente «indubitabile». Del resto, l'Ufficio e la Messa propria del Santo sono stati approvati, dopo alcune correzioni e revisioni, con decreto della Sacra Congregazioni dei Riti soltanto nel 1967 (F. Roccia, *Storie di Santità in Irpinia*, Delta 3, 2004, pp. 17-19). Piero Capobianco, nelle *Memorie nuscane*, scrive che la Vita o "Leggenda di S. Amato" fu pubblicata nel 1543 e «ordinata in modo da poter servire per le lezioni del divino uffizio anche durante l'ottava della festa per cui fu detto anche "Ottavario". L'opera si trovava stampata «per cura dei Bollandisti in «Acta Sanctorum» (1753) e per intelligenza di Mons. Gaetano D'Arco, che ne commise la pubblicazione al can. Pasquale Astrominica, che l'allegò all'*Elogio storico di S. Amato* da lui scritto a Napoli, Festa 1872». Il testo, tradotto ad litteram dall'arcivescovo-vescovo di Nusco, Mons. Gastone Mojaisky Perrelli, è stato pubblicato con «Note introduttive» a cura di Gennaro Passaro, che aveva competenza e autorevolezza nel campo dell'agiografia e, soprattutto, nella genealogica delle famiglie non solo nuscane (come ha ricordato lo storico Francesco Barra), e che perciò teneva presente che il lavoro di De Ponte «non aveva alcuna pretesa letteraria o storica, bensì il precipuo fine di servire da lezionario per il culto del Santo». Il feudatario Giancola si assicurò il possesso del feudo di Nusco e il vescovo Giannuccio Pascasio (o Pascale) prese il titolo di *Abate di Fontigliano* e quello di *Preposito di S. Pietro di Vico* (oggi Trevico). Il nome di Giancola Ianvilla compare nel «cedolario» degli anni 1459-1465, per la tassa generale e del sale.

I Capitoli della città

Nel 1527, terribile anno della peste bubbonica, furono stampati a Vico Equense gli Statuti comunali, con il titolo: *Capitoli observantiae et constitutioni della Città di Nusco quali si hanno da osservare per gli huomini, baglivi e officiali della Città preditta, passati e accettati e confirmati per la eccellente Signora Contessa di Noya utile Signora della predetta Città*. Sono stati definiti da Nino Juliano «codici della memoria». Ripubblicati a Napoli nel 1737 da Felice Carlo Mosca, prevedevano pene inasprite per la molteplicità dei furti che si commettevano nelle vigne, nei giardini, nelle masserie e in tutto il territorio di Nusco. Molto interessanti sono gli articoli riguardanti il rispetto dell'igiene pubblica, la protezione delle fontane, il regolamento per le prigioni *in lo castiello*, l'offerta del *pignatiello* d'olio per la lampada votiva a Santo Stefano e a S. Amato, il mercato franco del lunedì, il mercato di S. Amato franco nel mese di maggio.

Contengono disposizioni sull'istruzione, sul vestiario, su consumi, sulle attività primarie e secondarie, enucleando la povertà materiale e culturale, che non era affatto *marginale*. Rudimentali erano gli strumenti di lavoro. La vita familiare si svolgeva tra casa, chiesa, lavori campestri. Nelle vicinanze del castello c'era l'armeria, per la custodia di lance, spade, balestre e per «la defensione de la terra» (art. 18). Il matrimonio si contraeva alla presenza del notaio; la dote della sposa non poteva essere pignorata, in caso d'insolvenza del marito, senza il consenso della moglie. Il profitto e l'usura erano l'anima delle agitazioni e delle rivolte cittadine, che comportavano delle conseguenze penose. *Geronima Brancaccio*, contessa di Noia, si sottoscrisse in alcuni documenti anche contessa di Nusco. Terminò i suoi giorni il 3 giugno 1545.

Il vescovo e cardinale Parisio

Nel manoscritto intitolato: *Libro della vera origine ed aumento delle famiglie nobili del Sedile di Cosenza* si legge testualmente: «Pietro Paolo Parise (o Parisio) fu dottore di legge e prese per moglie Sigismunda Tarsia di Galeazzo, Barone della terra di Belmonte, come dalli Capitoli matrimoniali stipulati per mano del Notar Matteo di Donato fol. 1509. Il suddetto dr. Pietro Paolo Parise nell'anno 1510 come deputato della città di Cosenza intervenne nell'accordare contratto di promiscuità di territorio coll'unità della terra di Rende, rogato per l'istesso Notar Donato. Dopo di che reso vedovo di detta moglie senza figli, passò ad abitare nella città di Roma, dove per il suo buon talento ebbe la cattedra di legge; ed indi passò a leggere nella città di Bologna e si fece *prete*; che poi dal pontefice Paolo III fu fatto Uditore di Rota, ed indi fu creato cardinale di Santa Chiesa, e diede alla luce tre tomi di Consigli legali, che sono molto dotti conforme si legge nei suoi epitomi dei cardinali, in cui vi sta il suo epitaffio sepolcrale: *Deo OptimoMaximo / Petrus Paulus Parisius Cosentinus / Calabrer, Praesbiter cardinalis, titulo / Sanctae Sabinae obiit Romae de / anno 1545 et sepultus est in ecclesia / SS. Mariae Trinitatis Montium / Fratrum Sancti Francisci de Paula / ex dispositione Flaminii Parisij / Episcopi Bitontensis de anno 1598 fuit / conditum sepulcrum.* Pietro Paolo Parisio nacque a Figline (CS) nel 1473, da Ruggero e Caterina di Francia. Sposò la nobildonna Sigismonda di Tarsia (1509), dalla quale nacque Ruggero, che morì in tenera età, poco dopo sua madre. Dopo un soggiorno a Roma, ritornò a Padova, dove aveva studiato, per insegnare prima diritto canonico e poi diritto civile. Nel 1531 fu mandato a Bologna per l'insegnamento. Chiamato a Roma da Paolo III, ricoprì l'alta carica di Uditore generale della rev. Camera Apostolica. Pietro Paolo Parisio fu nominato *vescovo di Nusco* (11 gennaio 1538), mantenendo la carica di Uditore generale. Fu elevato alla dignità di cardinale nel Concistoro del 19 dicembre 1539. Nel 1542 fu nominato Legato pontificio al concilio di Trento (*Legatus ad Concilium Tridentinum*) assieme al vescovo di Modena, card. Giovanni Girolamo Morone, e al vescovo di Canterbury, card. Reginaldo Pole. Furono ricevuti in Trento dai vescovi Cristoforo Mandruzzo e Giovanni Tommaso Sanfelice. Nel 1543, il cardinale Parisio incontrò a Busseto l'imperatore Carlo V. Nel 1544 diventò Camerlengo del Sacro Collegio. Nel manoscritto dell'*Istoria dei Cosentini* di Sertorio Quattromani si legge: «Pietro Paolo Parisio dottore di legge lesse molti anni la ragione civile in Padova e in Bologna, e con molto suo onore e soddisfazione di tutti quei popoli, ed ebbe stipendio dal Pubblico. Fu fatto poi Auditore della Camera, dove governò molti anni con molta sincerità e prudenza, ultimamente fu innalzato alla dignità del cardinalato da Paolo terzo, e fu mandato al Concilio di Trento insieme col cardinale Cantareno e col cardinale Sadoleto. Compose quattro volumi di *Consigli*, i quali sono in molta stima, così appresso coloro che difendono le cause civili, come appresso coloro che espongono i modi delle genti a studenti. Fece le aggiunzioni alle lettere di Bartolo, e commentò anche i digesti e il codice». Pietro Paolo Parisio, all'età di *quattro anni* (1477), ottenne per intercessione dell'eremita Francesco di Paola, che si trovava nel convento da lui fondato a Paterno, la guarigione, che fu registrata nelle sedute processuali tenutesi a Cosenza. Fabiano Senatore, teste n. 70 dichiarò giurando sopra il Vangelo: «Da Paterno era venuto un servo di Mastro Ruggiero di Parisio, notissimo dottore di Cosenza, perché un figlio del suddetto dottore versava in imminente pericolo di vita con il Crocifisso sopra il guanciale e fra Francesco pregasse per la salute del bambino. Fra Francesco si piegò per terra, prese una foglia della prima erba che gli capitò sottomano e la porse a quella persona a lui dinanzi. Portagli questa foglia e lo troverai sano, perché il Signore gli ha fatto la grazia». Il servo, ritornato a Cosenza, trovò il bambino guarito, che si levò da letto il giorno seguente». Il 4 gennaio 1545, Pietro Paolo Parisio fu nominato da Paolo III Farnese *Protettore dell'Ordine dei Minimi*. Quattro mesi dopo, il vescovo di Nusco morì a Roma e venne sepolto nella chiesa di S. Maria della Trinità dei Monti. Flaminio Parisio, vescovo di Bitonto, gli fece erigere un sepolcro nel 1598.

La stamperia nuscana

Nel 1545, Francesco De Fabris, nativo di Curinaldo, nelle Marche, stampò otto lezioni di diritto, precedute dall'indice analitico, nel libro intitolato: *Preclara commentaria super secunda parte codicis Domini Ioannis Bono*. Alla fine compare: *Impressum in Civitate Nusci montibus Hirpinis iusta Aufidi fluvii ortum et Calorem fluvium*. Francesco De Fabris, per la morte del cardinale Pietro Paolo Parisio, vescovo di Nusco, si trasferì a Campagna. L'altra tipografia di Nusco è la recente e rinomata Poligrafica Irpina.

Il feudo di Nusco passò ai figli di Geronima Brancaccio: Pietro Antonio d'Azzia e Giovan Battista, «gentiluomo poeta». Ceduto a vari acquirenti, fu comprato, nel 1564, da Giovan Giacomo Caracciolo, conte di S. Angelo, al prezzo di 42.050 ducati, cui successero il figlio Carlo e Caterina Caracciolo, moglie di Ettore Pignatelli, duca di Monteleone, con la quale si estinse il ramo di «Caracciolo del Sole» (1622). Il feudo di Nusco pervenne a Francesco Maria Carafa (1623) e finalmente a Gian Vincenzo Imperiale (1631), nobile genovese, che arrivò a Nusco su un cocchio tirato da sei cavalli. Egli dichiarò: «Qui, malgrado della pioggia, da tutto il popolo incontrato alle porte, da baldacchino ricevuto, nel tempio da Monsignor Vescovo in estremo favorito, da musiche, da encomi e da ossequi onorato, in casa del Reverendissimo rattenuto per desinare, vo finalmente nel mio castello per dormire».

Cavalcanti e i documenti vaticani

Notizie imprecise corrono sull'episcopato di Aloisio Cavalcanti. Giuseppe Passaro, senza citare la fonte ch'è dell'Ughelli, scrive: «Luigi Cavalcanti fece l'ingresso solenne in diocesi il 1° luglio 1545, esattamente un mese dopo la sua consacrazione (...). Alla nobiltà del lignaggio, accoppiava, come i fatti dimostrarono, qualità eccellenti di mente e di cuore». Padre Giovanni Mongelli, per allontanarsi una volta tanto da Giuseppe Passaro sposta, di sua iniziativa, la data al mese di giugno. Nell'errore cronologico è caduto anche Giuseppe Dionesalvi che scrive nelle *Memorie storiche sulla cattedrale e sui Vescovi di Bisignano*: «Dal 1563 al 1564 fu vescovo di Bisignano Luigi Cavalcanti, arcidiacono della cattedrale di Cosenza. Morto il cardinale Parisio gli successe nella chiesa di Nusco il 1° luglio 1545 ove al dire dell'abate Ughelli (Vescovi di Nusco) resse lodevolmente per 20 anni (circa) quella diocesi, e poi da Pio IV fu traslato alla sede di Bisignano il 1563 ove morì». Nel *Regesto Vaticano per la Calabria* si leggono diversi documenti riguardanti la chiesa di S. Maria della Stella in Castrolibero (Cs). Il 24 aprile 1545, il Signor Luigi dei Cavalcanti risulta arcidiacono cosentino. Il documento del 10 agosto del 1545 conferma che D. Aloisio Cavalcanti è ancora eletto alla chiesa di Nusco. La bolla del 24 agosto 1545 dichiara: *Ad Aloisio dei Cavalcanti, vescovo di Nusco, è stata affidata la chiesa di S. Maria della Stella e dell'Orto di Castrolibero (allora chiamata Castrofranco), nella diocesi di Cosenza, vacante per l'affidamento di Giacomo Foresi di Prato, a cui è riservata la pensione di 5 scudi sopra i frutti della stessa.* I documenti vaticani attestano dunque che Aloisio dei Cavalcanti non prese possesso della Diocesi di Nusco il 1° luglio del 1545. Di carattere tranquillo, il vescovo Cavalcanti mise a tacere i contrasti fra i canonici e i frati domenicani di Bagnoli Irpino, della Diocesi di Nusco.

Concesse le chiese di S. Maria e di S. Marco, in Montella, al Monte di Pietà.

Nel 1550 restaurò la cattedrale di Nusco e ne adornò il frontespizio con un artistico portale, con il suo stemma (a sinistra delle semicolonne dai fusti scanalati) e con quello (posto a destra) di de Actia.

Il *magnifico portale* fu fatto rimuovere, nel 1886, dal vescovo Giovanni Acquaviva e sostituito con quello odierno «di poco valore artistico.

Nel 1898 il portale fu sistemato alla chiesa di S. Antonio fuori le mura di Nusco.

Un altro prezioso documento vaticano riguarda la traslazione di Luigi Cavalcanti dalla diocesi di Nusco a quella di Bisignano: *Sua Santità, su informazione del Rev.mo Signor Emin. Francesco card. Gonzaga, ha sciolto il Rev.mo Mons. Aloisio dei Cavalcanti dall'obbligo, al quale era tenuto, della chiesa di Nusco e lo ha trasferito alla chiesa di Bisignano per la rinunzia del Rev.mo D. Nicola Cardinale di Sermoneta liberamente presentata nelle mani di Sua Santità, e per ciò lasciata vacante.*

LA PESTE DEL 1656

Nelle *Cronache* del lucchese Giovanni Sercambi, egli stesso morto di peste all'inizio del XV secolo, si legge come veniva considerata la «moria di peste» in molti luoghi e nazioni: *Essendo il mondo tanto maldisposto per li peccati dell'homini ha disposto la divina potentia oltra le guerre e altri mali purgare li peccatori col suo judicio*. La stessa concezione si trova nella *Historia del contagio di Avellino* dell'abate Michele Giustiniani, stampata a Roma per Ignatio de' Lazari nel 1662. Un epigramma dedicatogli da Giovanni Battista Picarelli, arcipresbitero di Mercogliano e assessore della Curia di Monte Vergine, riconosce la mano punitiva di Dio nella peste, causata dal pomo o peccato di Adamo: *Ira est coelestis, corrumpens corpora, pestis; / causata ex pomo, quod prior edit homo*». La scienza medica, invece, ci informa che l'agente eziologico della peste è un batterio immobile, asporigeno e gramnegativo, scoperto a Hong Kong dal francese Yersin nel 1894 e, quasi contemporaneamente, dal batteriologico giapponese Kitasato e pertanto noto come *bacillo di Yersin e Kitasato*. Prima di tale scoperta la peste era chiamata il «male cinese».

Dai Registri parrocchiali di Nusco risulta che, nel 1633, Nusco contava 4000 abitanti, Sant'Angelo 3500, Lioni 2000, Andretta 2500, Carbonara 4000: un totale di 16.000 persone. Dopo l'insurrezione di Masaniello, che guidò la plebe napoletana contro l'eccessivo fiscalismo degli Spagnoli (7 luglio 1647) e che fu assassinato senza che siano stati riconosciuti i mandanti e gli esecutori, la peste dopo una lunga assenza scoppiò il 1656 nel Regno di Napoli. Ida Maria Fusco, dell'Istituto sulle società del Mediterraneo, con sede a Napoli, estende la sua analisi oltre l'opera «meritoriamente ambiziosa» di Salvatore De Renzi e dichiara con sicurezza: «Da Algeri il morbo passò in Spagna. A partire poi dal 1652, la peste si era propagata in Sardegna, per toccare infine le città e i territori di Napoli, Roma e Genova (...). Solo l'8 dicembre del 1656, festa dell'Immacolata Concezione, la capitale fu dichiarata ufficialmente libera dalla peste, pur continuando in città spurghi e quarantene generali, disposte forse più per prudenza che per reali necessità».

All'interno del Regno Napoli, la capitale, fu la prima ad essere colpita tra marzo e maggio del 1656 e la pestilenza infuriò fino all'agosto successivo. La fuga da Napoli, non solo di nobili e religiosi, ma anche della gente comune, favorì la rapida e capillare diffusione dell'epidemia, che raggiunse la Terra di Lavoro e poi si propagò nel Contado di Molise e nell'area abruzzese. Nel Principato Citra il morbo fece la sua comparsa fin dai mesi di maggio e giugno. Penetrò, nei mesi di luglio e agosto, in Calabria Citra (dove a Cosenza nonostante il miracolo ottenuto per intercessione della Madonna del Pilerio morì un quinto della popolazione: cioè 2.388 morti) e poi il male, tra novembre e dicembre, giunse anche in Calabria Ultra. La peste colpiva nel luglio del 1656 il Principato Ultra, vale a dire la provincia di Avellino. A Nusco, i fuochi che erano 330 nel 1648, scesero a 142 nell'anno 1658, in cui la città fu dichiarata «zona immune».

Per impedire la diffusione dell'epidemia, come assicurava l'abate Michele Giustiniani, testimone oculare in Avellino, furono presi subito due principali rimedi, «cioè nella radunanza del danaro necessario per far le provvisioni delle vettovaglie convenienti, e le altre spese così ordinarie, come straordinarie, non meno per l'avvenire che per allora, e nella proibizione del commercio con forestieri, s'incontravano ad ogni modo nell'atto pratico intoppi troppo essenziali e per alcune circostanze quasi insuperabili» (pp. 54-55). Le vendite avvenivano alla distanza di «tre canne». Chi non rispettava il «blocco» e lasciava la città blindata riceveva la pena della frusta. Era fatto divieto di ricevere panni, lini, tele, bambagie e altri prodotti involti nei secchi soggetti ad infezione.

Il terrore invase la popolazione: i medici erano impotenti e al morbo non si sfuggiva. Giustiniani racconta: «Per maggiore sciagura della città si guastarono le carrette, che conducevano i morti, parte di beccamorti se ne morivano del male corrente, e parte ne fuggivano per non morire. In tutte le parti della città s'aumentavano i morti, e rimanevano insepolti per non pochi giorni non senza gran puzzore e orrore dei vicini. I deputati della sanità lo cambiavano uno appresso l'altro con la mortalità di loro stessi. Un disordinato vivere dei cittadini incamminava ordinariamente la città al precipizio. Cominciavano i vivi a morire quasi di fame per la morte dei fornai». Furono liberati i condannati perché seppellissero i cadaveri insepolti, «che non si potevano raccogliere per essersi ridotti in vermi e fradiciume. Si fecero nuovi carrettoni».

Per frenare la falcidia si affiggevano severi proclami alle porte delle chiese e si prescrivevano medicine, clisteri, vescicatori, antidoti, diaforetici, sciroppi di borragine e indivia, acqua di ruta capraria o polvere di bacche di lauro, corno di cervo bruciato e impiastri: «Furono vari anche i rimedi per i bubboni, aprendosene alcuni con ferri crudi o con ferri roventi, altri scarnificandosi, ad altri applicandosi sopra coppe scarnificandosi dopo, ma vedendosi questi medicamenti riuscire di poco frutto, morendosi la maggior parte di quei che si curavano in questa forma, fu pensato di applicarvi rimedi piuttosto emollienti e lenitivi (...). Usavano per lenimento in principio del bubbone l'olio di camomilla, di gigli bianchi, di aneto e di scorpione, teriaca e cera componendosi un impiastro» (pp. 113-114).

La cattedrale si riempì di cadaveri. Il tenente Angelo Marsico per voto provvide a creare il lazzaretto facendo costruire a sue spese la chiesa di S. Antonio fuori le mura della città. Per incrementare il numero degli addetti al culto, i laici che erano rimasti vedovi ed erano disponibili, furono promossi al sacerdozio. Di loro si conoscono i nomi: Pasquale Ranese notaio, fatto arciprete, Vespasiano Verderosa, nominato arcidiacono, Basilio Mottola, Giovanni Tommaso Pepe.

Scarseggiarono anche i becchini, e si obbligarono i malviventi a seppellire gli appestati o a bruciare i cadaveri che marcivano in strada e nei vicoli stretti.

Molti cercarono rifugio in campagna o presso parenti fuori di Nusco; altri si affidarono a presunti rimedi popolari e a pratiche magiche. Le Cronache del tempo parlano di continue processioni a piedi scalzi e con strumenti di penitenza detti flagelli in onore dei Santi e della Vergine.

Scriveva l'abate Giustiniani: «Abbiamo fatto quelle maggiori dimostrazioni di penitenza, di devozione e di pietà, che rare volte non sono corrispondenti ad un cuore pentito e umiliato; poiché, oltre alle assidue confessioni e comunioni, intervenivano spesso ai divini offici, ai sermoni del vescovo e del suo teologo, alle pubbliche orazioni e processioni con tanta mortificazione, che recavano grande edificazione agli stessi forestieri, che li osservavano. Si erano specialmente distribuiti in più schiere sotto diversi stendardi delle religioni, che hanno conventi nella città, andando presso di loro scalzi, carichi altri di catene, altri di grosse croci di legno, non pochi si battevano con acutissime spine le spalle. Si vedevano cen-

tinaia di verginelle scapigliate col capo chino, camminando con sì
rara costernazione d'animo e di manifesta mortificazione, recitan-
do, quali le litanie del Signore, e quali il rosario della Madonna,
che certamente non potevano contenersi di lacrime quei, che a caso
s'incontravano con loro (...). Si recitava ogni sera per tutte le con-
trade della città devotissimamente il santissimo rosario da persone
d'ogni stato, grado e condizione. Pareva che i cittadini stimassero
per niente quel contagio, che dove giunge lascia memorabile strage
del suo rigore, talmente si scorgevano rassegnati nel volere divino,
da quale davano a divedere con quanta prontezza ricevevano quel
flagello che volesse mandar loro per le offese fattegli» (pp. 49-52).

Fu istituita a Nusco la festività della Madonna del Carmelo nei
giorni 21-22-23 agosto e fu fatto voto di digiunare «a pane ed acqua»
il 4 gennaio di ogni anno. La festività di S. Maria del Carmelo si
celebra ancora in Nusco con grande devozione e solennità.

Mattia Preti

Mattia Preti (Taverna 1613-Malta 1699), tra i più apprezzati pit-
tori nella Congregazione di San Luca, che aveva sede nel Foro Boa-
rio a Roma, alla pari di Diego Rodriguez de Silva y Velàzquez, che
però era poco assiduo, fu chiamato, nel 1653, a Napoli, dove dipinse
le tele vivaci e colorite, per il soffitto della chiesa di San Pietro a
Maiella, raffigurando la «Storia» di papa Celestino V e la *Vita* di
S. Caterina d'Alessandria. Il committente fu Fabrizio Campana di
Lucera, che fu prima abate generale dell'ordine dei Celestini e poi
arcivescovo di Conza (1651-1667), da dove inviò al *Cavalier calabrese*
ducati 3500. Fu Mattia Preti che raffigurò lo stemma arcivescovile
di Fabrizio Campana, il quale morì a Roma il 17 settembre 1667 e fu
sepolto nella chiesa di S. Eusebio.

Mattia Preti fu prescelto, il 27 novembre 1656, ad affrescare le
porte di Napoli. Con stile ricco di enfasi drammatica (come atte-

stano i due bozzetti delle *Allegorie della peste* conservati nel Museo di Capodimonte) diede vita a opere notevolissime. Prima dipinse la *Porta Capuana*, poi la *Porta dello Spirito Santo*, detta un tempo Porta Reale, la *Porta di Costantinopoli*, la *Porta Nolana*, la *Porta di San Gennaro*, la *Porta del Carmine*, su cui affrescò le scene più strazianti poiché in quel quartiere furono falcidiate dalla morte più persone), la *Porta di Chiaia*. Sono visioni concitate e a volte di gusto apocalittico, che fanno del Cavalier calabrese lo straordinario interprete di sentimenti di terrore e di un'ardente religiosità (V. NAPOLILLO, *Mattia Preti Artefice del Seicento*, 2018).

IL CORONAVIRUS

In Italia è stato accertato, nel mese di dicembre 2019, la diffusione del coronavirus proveniente da un focolaio tedesco. I coronavirus appartengono alla famiglia di microbi piccolissimi, simili a una corona se osservati al microscopio, che bersagliano le cellule epiteliali del tratto respiratorio e gastrointestinale. Raggelanti le immagini delle strade deserte e dei morti della città di Wuhan in Cina, viste da milioni di telespettatori, avendo l'Organizzazione Mondiale della Sanità (OMS) provveduto a divulgare, alla fine di gennaio 2020, la notizia del diffondersi «incontrollato» del coronavirus. Tutti hanno capito che il Covid-19 non è affatto una semplice influenza, ma una pandemia, in seguito al ricovero di un 38enne detto «paziente uno» in terapia intensiva all'ospedale di Codogno in Lombardia, la regione d'Italia più colpita dal contagio. Domenica 21 giugno 2020 i contagi in America Latina salgono a più di 2 milioni. Il 25 giugno 2020 gli ammalati nel mondo sono 10 milioni. Preoccupazione e allarme in Irpinia il 1° aprile 2020 per l'aumento dei contagi ad Ariano Irpino, Solofra e Avellino e in altri comuni con un totale di 28 decessi accertati. Il giorno successivo è stata trovata positiva al tampone la donna di Bagnoli che non si recava da giorni al lavoro nella Rsa di Nusco. L'amministrazione comunale di Nusco vigila sui casi accertati e invita gli esercenti commerciali a non approfittarsi del duro momento e a non aumentare ingiustificatamente i prezzi di prima necessità.

Per difendersi dal contagio è stato fatto obbligo di cambiare le abitudini e regole di vita: non uscire di casa, lavarsi spesso le mani, portare la mascherina sulla bocca e sul naso e i guanti di lattice, rispettare la distanza di almeno un metro da una persona all'altra.

L'emergenza coronavirus, disastrosa per l'economia mondiale, è stata avvertita a livello psicologico come un trauma dai bambini, dagli adolescenti, dai genitori rimasti spaventati e angosciati dal *lockdown* e dall'isolamento dei loro figli. Le nuove tecnologie, nonostante le accuse che si rivolgono ad esse di creare dipendenza (per l'eccessivo uso di *smartphone*, *ipad*, *telefonini*, *televisione*, *computer*), hanno consentito tuttavia un pacifico e benefico passaggio dal virtuale e dal «mondo sospeso» per mancanza di spazi di libertà a un «mondo nuovo», generando mediante le lezioni a distanza (cui succederanno nel mese di settembre quelle «in presenza» degli alunni) opportunità formative ed educative non certo trascurabili. Sono stati gli anziani, soprattutto quelli ricoverati in ospizio, facile preda della pandemia.

Anna Maria Napolillo, colpita vivamente alla vista di numerosi cadaveri posti nei sacchi neri della spazzatura o portati, senza un saluto né una lacrima dei parenti, al cimitero di Pesaro dai camion militari, ha raccontato, nel suo *scritto elaborato*, con tratti giovanili potenziati da riflessioni realistiche, scientifiche e interdisciplinari, le condizioni disperate e disumane prodotte dal coronavirus e additato anche il superamento dello stato di cupo pessimismo e di prostrazione: «D'improvviso la vita che facevamo fino a qualche giorno prima ci è apparsa quasi come «la nostra vecchia vita», una vita passata. Abbiamo iniziato ad aver paura: la mente umana ha paura dell'ignoto, di ciò che non conosce; infatti, quando affrontiamo ciò che conosciamo ci sentiamo sicuri, protetti, potendo prevedere le conseguenze, ma quando il nostro «nemico» è invisibile, come in questo caso di Covid-19, la paura ci attanaglia (...). In tale situazione di emergenza, fisiologicamente si è portati a sviluppare *resilienza*, ovvero la capacità di far fronte in maniera positiva a eventi traumatici e stressanti (emblematico lo slogan: *Andrà tutto bene*).

Nella fase 2, mentre si è in attesa della scoperta d'un vaccino, si riparte nella convinzione che il distanziamento sociale è un'arma efficace per impedire la circolazione del coronavirus e che c'è bisogno di un solido piano di rilancio delle attività economiche, culturali, turistiche. Occorre inoltre avere coraggio, solidarietà (quella che il personale medico e infermieristico ha mostrato con atti di eroismo) e responsabilità individuale e civile. La riscoperta della dimensione sociale, il rispetto delle persone malate, indigenti, e dell'ambiente, la necessità di rimanere in salute e in forza sono la stella polare per lotta al veloce nel contagio e desolante coronavirus.

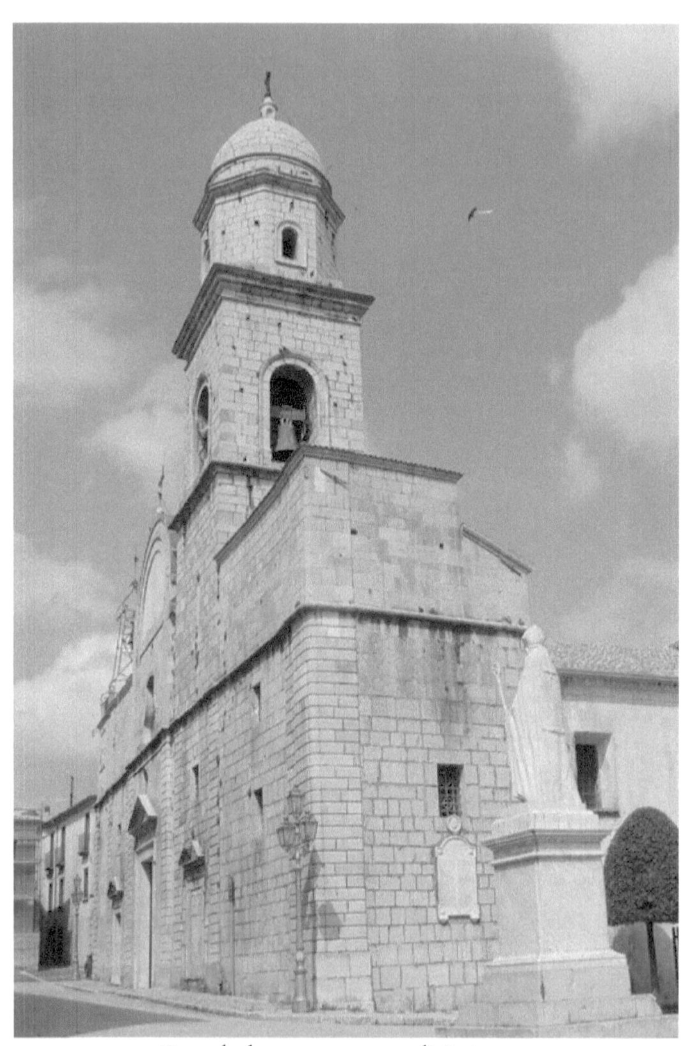

Cattedrale e monumento di S. Amato

LE CHIESE

Concattedrale di S. Amato

Nella Relazione *ad limina* di mons. Pietro Paolo Rossi, stesa nel 1651, si enumerano tre chiese dentro le mura della città di Nusco: la *Cattedrale di S. Amato, S. Maria Zita* e *S. Maria Vetere* e altre quattro fuori le mura. Il vescovo Rossi scriveva che la cattedrale di Nusco era composta «di muri, pavimento e campanile, con pietre lavorate» e che le rendite dell'Episcopio arrivavano «quasi a mille scudi».

Sopravvissuta alle rovine del tempo è la cripta della cattedrale, costruita da Amato vescovo di Nusco nella prima metà del secolo XI. Al centro della chiesa sotterranea (*in corpore ecclesiae*) in stile romanico, con volte a crociera e archi a sesto acuto poggianti su basse colonne, è l'altare dove fu deposto il corpo di Sant'Amato. Sul lato sinistro dell'altare si trova la tomba della feudataria di Nusco, Ilaria de Giamvilla, dove l'oscurità dell'ambiente è vinta dal biancore della statua. Verso la metà del secolo XVIII, l'artista Filippo Pennino affrescò la lunetta della cripta, con *S. Amato in gloria*, e le pareti con i ritratti di *quaranta* vescovi succedutisi sulla cattedra di Nusco.

Allo stato attuale la cattedrale, a tre navate, si presenta con caratteri e stile «eminentemente settecenteschi». Nella nave centrale sono: l'artistico pulpito di legno dorato, con le raffigurazioni dei quattro Evangelisti, degli Apostoli Pietro e Paolo, di S. Amato e altri Santi; tre monumenti funebri (due sui pilastri del lato sinistro e uno su quello destro): quello di mons. Gaetano De Arco, che nel 1753 morì santamente (*sanctissime obiit*), di mons. Francesco Antonio Bonaventura (1788), di mons. Giovanni Acquaviva con dedica fatta dai canonici nel 1883 (*Ioanni ex baronibus Acquaviva*). Le tombe gentilizie sono sistemate a sinistra; quelle dei ceti umili nelle altre due navi. La navata centrale termina con l'abside dove è situato il coro ligneo. Il presbiterio, riservato al vescovo e al clero, è rialzato su quattro gradini e chiuso da transenne di marmo colorato. Il trono vescovile si adorna dell'immagine di S. Amato, che benedice la città, dipinta a olio da Filippo Pennino. L'altare maggiore splende di marmi policromi e dell'oro del ciborio su tre gradini che completano il simbolismo del numero sette. La pala dell'*Assunta*, circondata da uno stuolo d'Angeli, fu dipinta dall'artista solofrano Alfonso Grassi, allievo prediletto di Giorgio De Chirico, su commissione di Guido Maria Casullo, vescovo di Nusco.

Hanno pregio artistico le opere: la *Madonna del Rosario*, tela di A. D'Asti (morto nel 1721); la *Madonna del Carmelo* incoronata da Angeli e venerata da S. Pasquale Baylon e da S. Filippo Neri copiata dal capolavoro di Guido Reni; le tele della *Via Crucis* dipinte dal Domenico Oranges di Cosenza; i quadri della *Madonna delle Grazie* e di *Gesù morto*, la statua di *S. Stefano*.

La facciata della cattedrale si protende nel cielo con una scenografia di pietra calcarea locale. Il campanile, alto quasi trenta metri, fu costruito di fianco all'ingresso principale per 18 mila ducati. Sul muro esterno, rivolto a mezzogiorno, è inciso sulla pietra: «Quest'opera fece il popolo di Nusco nell'anno del Signore 1521. Il clero, in effetti, perdette il diritto di sepoltura»: [*Hoc opus fecit populus Nusca-*

nus sub anno Domini MDXXI. Cessit enim ius tumuli clerus.].

Sull'angolo nord della facciata l'orologio a muro, con due quadranti e campanella a martello, sostituì l'orologio solare. La campana del 1880 (il *campanone*) con distinti rintocchi chiama a raccolta la gente di Nusco; segno di comunione e di fede, di morte corporale e di gioia spirituale nell'alterna vicenda umana. All'esterno della concattedrale di Sant'Amato dell'arcidiocesi di S. Angelo dei Lombardi- Conza-Nusco-Bisaccia s'affaccia un antico bassorilievo raffigurante padre, madre e figlio senza nomi e con i volti sfigurati.

Badia di Fontigliano

L'antica abbazia benedettina di Fontigliano si trova alle falde del *Montagnone* di Nusco. All'interno della chiesa è collocata la statua lignea della Madre di Dio (*Theotòkos*). Il 26 giugno 1711 Giacinto Dragonetti, vescovo di Nusco, stese una relazione della chiesa di *S. Maria di Fontigliano* pubblicata assieme a quella sulla chiesa di Santa Maria d'ogni Grazia da Serafino Montorio nello *Zodiaco Mariano*, dove si attesta: «Non più di due miglia lungi dalla città di Nusco in un bosco non meno folto che grande, detto di Fontigliano, sorge parte d'un antichissimo monastero dedicato alle glorie di Maria, che in una chiesa, non solo bene architettata, ma assai magnifica con gran concorso, viene venerata in una sua immagine miracolosissima Nella statua di legno di scultura confacevole a quei tempi, Maria sta a sedere e tiene nel braccio sinistro un grazioso Bambino. L'antichità di quel santo simulacro, come anche del tempio, può agevolmente raccogliersi dalla maestà e robustezza delle sue mura, dai colonnati di pietra d'intaglio e da diverse lapidi, così nella parte interiore, come esteriore istoriate con figure di basso rilievo e da molte iscrizioni, corrose in buona parte dal dente divoratore del tempo (...). Dei miracoli, che per il numero esorbitante si rendono inenarrabili, non ho altra notizia, se non che essendo una volta rapita con devota invidia dal popolo di Bagnulo, miracolosamente la mattina fu trovata nell'antico suo luogo, come per continuata tradizione viene narrato da tutti (...). Oggi quel monastero e quanto ad esso appartiene sta aggregato alla mensa vescovile di Nusco, per bolla di Pio II l'anno 1460 e ne gode il possesso con titolo di abate, ma vi abitano due soli romiti, ai quali sta commessa la cura della chiesa, la quale minacciando rovina nel 1708 fu restaurata in più parti con nuove muraglie dal vivente prelato, che ha fatto così spiccare il proprio zelo, che l'ha spronato a mantenere più a lungo il culto alla sovrana Signora del Paradiso».

L'antichità e il terreno franoso hanno più volte reso collabente la chiesa, che venne riedificata nel 1840 da mons. Paolo Mastropasqua, come si legge in un'iscrizione posta nel vestibolo. Ciriaco de Paola, arciprete della cattedrale, fece erigere un piccolo monumento nella chiesa di S. Maria di Fontigliano a ricordo del munifico sacerdote Nicola De Mita, parroco di New Castle. I reperti archeologici sistemati nell'Antiquario di Fontigliano sono purtroppo spuri e, perciò, destituiti di scopo documentario. Dressel, mandato da Theodhor Mommsen, a Fontigliano e nelle vicinanze, vide alcune lapidi «ricche di antichi ruderi», ma non specificò la loro epoca. Si misurò con l'arduo problema Nunzio Maria Della Vecchia, che espresse l'opinione infondata d'una colonia dei Liguri Apuani mandata a ripopolare l'Alta Irpinia. Lioni prende il nome dal personale latino Leo (da cui *Leonis*).

Santa Maria delle Grazie

L'edifico sacro aveva sull'altare il quadro della *Madonna con la rosa*. Il vescovo di Nusco, Fulgenzio Arminio Monforte, proibì di esporlo, poiché la rosa non era per lui simbolo mistico ma di bellezza femminile e di amore mondano. Nella Relazione del vescovo Giacinto Dragonetti, pubblicata da Montorio, si afferma: «Mezzo miglio distante da questa città si vede da pochi anni in qua eretta una chiesa in onore della Madre di Dio col titolo di *S. Maria d'ogni*

Grazia, cioè l'anno di Cristo 1671. Vi si celebra la festa nella seconda domenica di Agosto, concorrendovi da molte parti, e vicine e lontane, numerosissimi popoli per gli innumerevoli favori, ch'ella concede ai suoi devoti» (...).Il mese di maggio dell'anno precedente vi furono tempeste con piogge torrenziali e grandini. L'arciprete della Cattedrale pensò di fare una processione per placare l'ira di Dio, «che credeva sdegnato col mondo», e di portare una Croce nel luogo dove gli abitanti avrebbero mandato a effetto il proposito di costruire la chiesa della Madre di Dio. Il sole tornò a splendere e il vescovo Fulgenzio, che in quel tempo dimorava a Roma, diede licenza di costruire la chiesa. A lavori finiti, si cantò solennemente la Messa con giubilo universale di quanti vi furono presenti e venne benedetta la sacra immagine della Vergine dipinta su tela. Era il giorno della Conversione di San Paolo Apostolo dell'anno 1671.

La Relazione attesta: «Da quel punto per mostrare la Vergine quanto le fosse grata la detta chiesa, cominciò a far miracoli, e questi in tanta copia, che il numero rende mendica la penna a descriverli; poscia che da ogni parte del Regno andavano a cercare grazie i fedeli, e ne partivano consolati. Alla presenza di quella prodigiosa effigie fuggono da più corpi ossessi spaventati i diavoli; gli infermi trovano la pristina sanità; i ciechi recuperano la vista; ed una fanciulla di anni sedici della terra di Andretta contro ogni aspettazione nel giorno della festa di Maria, essendo muta, parlò, lodando la Vergine benefattrice, alla presenza d'innumerabile popolo». All'interno della chiesa della Madonna delle Grazie, a tre navate, si vedono altari marmorei policromi e la tomba di Amato Natale, ivi seppellito nel 1851. La facciata, a capanna semplice, ha un portale di pietra in stile barocco. Alla chiesa è annesso il cimitero comunale.

SS. Trinità

La chiesa della SS. Trinità è una perla incastonata tra la zona della cattedrale e quella del castello, il quale aveva la sua cappella dedicata a *San Pietro*. Fu una parrocchia denominata *Santa Maria Zita o Cita*, citata da Dante Alighieri che parla di un magistrato di Lucca, «anzian di Santa Zita», identificando Lucca con la devota cristiana. A Palermo è detta anche Cita, variante del termine citta ossia città (che nei documenti compare spesso senza l'accento). È da tenere presente che Santa Zita è la titolare della Congregazione femminile delle Suore oblate dello Spirito Santo. La chiesa fu resa funzionale dal vescovo fra Lazzaro Pellizzari nel 1605 Nello stesso anno risulta parroco D. Lorenzo Siciliani. Fu danneggiata dal terremoto del 1694 e fatta restaurare da D. Paolo Arminio che sul portale d'ingresso appose l'iscrizione latina: *Ad honorem SS.mae Trinitatis adm. R. D. Paulus d'Arminio rector refecit A. D. 1708* [«Il Rev. D. Paolo D'Arminio rettore rifece in onore e ricordo della SS. Trinità nell'anno del Signore 1708»]. La parrocchia venne intestata a Santa Zita canonizzata il 15 settembre 1696.

Sull'altare consacrato dal vescovo Niccolò Tupputi nel 1730, patrizio di Barletta, fu innalzata una tela raffigurante la *SS. Trinità con la Vergine, S. Amato e S. Stefano*. Un'altra tela ritrae *Cristo morto* tra i santi medici Cosma e Damiano (sec. XVIII). La chiesa ridotta in incresciosa condizione, fu fatta restaurare nel 1837 da D. Francesco Paolo Mastropasqua, vice-amministratore apostolico della diocesi di Nusco. Gli ultimi lavori di restauro, dopo il sisma del 1980, hanno messo in luce un affresco raffigurante *Cristo benedicente*, sapientemente eseguito. La chiesa è stata riaperta al pubblico il 1° gennaio 1985.

Nusco vanta anche la chiesa di *S. Maria Vetere* annessa al convento delle suore carmelitane.

S. Antonio da Padova

La chiesa di S. Antonio di Padova fu edificata fuori le mura (*extra moenia*) da D. Angelo Marsico, che comprò la statua del Santo scolpita da Giacomo Colombo. Egli dotò la chiesa con poderi e la diede all'amministrazione del capitolo Cattedrale. Nel 1658 era vivo e quando passò a miglior vita venne sepolto all'interno della stessa chiesa. Il portale rinascimentale, trasportatovi nel 1886, apparteneva alla cattedrale e fu fatto scolpire su commissione di Luigi Cavalcanti, vescovo di Nusco, originario di Cosenza e parroco di Castrolibero, che allora si chiamava Castrofranco. Nel 1896 nella chiesa fu istituita la Congregazione laicale di S. Antonio da Padova per cura del vescovo Emilio Todisco Grande, che viene ricordato anche per la benedizione data alla statua di Sant'Amato, scolpita da Raffaele Marino di Napoli, collocata in Piazza Vescovado, con un'epigrafe dettata dal vescovo Giuseppe Consenti. La Congrega, nata per scopi umanitari e per consentire ai fratelli, in maggior parte artigiani, d'intervenire nelle processioni solenni e funebri, fu soppressa nel 1952, insieme con la parrocchia. Don Renato de Paolis, docente di latino presso il liceo di Nusco, fece disegnare dal pittore nuscano Giuseppe Giordano il campanile gotico. Nel cimitero della chiesa fu seppellito, nel 1854, Giuseppe Autelitano, vescovo di Nusco, nato a Bova, in Calabria, morto di colera, che si chiamava anche morbo cinese. Il giardino antistante profuma, nei giorni della tredicina, di bianchi gigli, che rappresentano la purezza del Santo e la lotta contro il male.

San Giuseppe

Sorta accanto all'Episcopio, con un'elegante facciata, la chiesa di San Giuseppe era la casa del notaio Pasquale Di Palma. Nel 1714 fu assegnata a fra Antonio Lucci, divenuto in seguito vescovo di Bovino, chiamato a Nusco per predicare la quaresima. Nel primo giorno frate Antonio trovò la stanza infestata dai topi e li scacciò dicendo: «Non molestate i ministri del Signore in questo luogo, che dovrà essere un giorno la casa di Dio». Il vaticinio si avverò e la casa fu trasformata in chiesa nel 1757. Fu consacrata da Francesco Antonio Bonaventura, vescovo di Nusco con rito solenne (*solemni ritu*). Una lapide, posta sul lato sinistro del transetto, ricorda i restauri d'inizio del Novecento eseguiti per conto della Congrega di San Giuseppe, che osservò le regole approvate da Carlo di Borbone (1755), re di Napoli e Sicilia, e da Ferdinando II (1858). Il priore Gerardo Pastore a capo della Congrega non permetteva neppure ai suoi nipoti (che sono emigrati in America) di toccare il cancello di ferro della chiesa. Agitando il bastone, come quello di San Giuseppe, gridava: «Allontanatevi, farabutti». Si capì, a distanza di anni, che il priore era tenuto a norma dello Statuto della Congrega di fare entrare i fratelli con rispetto e di tenere lontane persone scandalose, ubriache, e persino le donne.

San Giovanni Evangelista

La chiesa, edificata in un piccolo giardino donato da un devoto del Santo, ebbe come primo parroco D. Giuseppe Del Vecchio (1627-1638). Si ha notizia che il parroco D. Fabio de Paulis spostò la porta da tramontana verso occidente e sopra vi appose l'iscrizione in latino: «Questa chiesa ad onore di S. Giovanni Evangelista e a maggior gloria di Dio D. Fabio de Paulis parroco e rettore fece nell'anno della Resurrezione del Signore 1733»: [*Ecclesiam hanc ad honorem S. Io. Evangelistae et ad maiorem Dei gloriam D. Fabius de Paulis parochus et rector fecit anno R. S. MDCCXXXIII*]. Nel pavimento della chiesa su una lapide fu incisa un'iscrizione funebre: «Qui giacciono le ossa degli appartenenti alla parrocchia»: [*Hic iacent ossa filianorum*]. Errata l'interpretazione di Piero Capobianco. Sull'altare maggiore un pregevole dipinto raffigurava l'apostolo di Cristo con calice e croce nelle mani; dal calice usciva il serpente che col veleno tentò di uccidere l'Evangelista, che rimase illeso. Il parroco D. Antonio d'Onofrio (1843-1850) sostituì il quadro con quello di un pittore ignoto e lo fece collocare sotto il soffitto, poiché la statua del Santo aveva maggior valore di fede e forse di arte. Un altare laterale fu fatto costruire dal parroco D. Giuseppe Iuliano, che acquistò una stanza per la sacrestia. Ultimo parroco è stato D. Giuseppe Passaro, che fece restaurare la chiesa e tolse dal soffitto nel 1927 il quadro di S. Giovanni «perché molto deteriorato». Il giovane pittore Gerardo Iuliano ha ridisegnato da uno schizzo la chiesa, che «col terremoto del 1980 non c'è più».

San Rocco

La chiesa in origine era annessa al monastero delle Clarisse, devote di San Francesco d'Assisi e di Santa Chiara, che furono decimate da un'epidemia di peste. Sul parapetto dell'altare maggiore è scolpita a rilievo una splendida statua di San Rocco, che si dedicò alla cura degli appestati, patrono di molte parrocchie italiane. Vi fu istituita la Congregazione laicale dell'Immacolata e dei Morti, che fu più tardi da S. Pio X elevata ad Arciconfraternita con Breve del 31 luglio 1909. Situata all'inizio del corso, la chiesa è stata sconsacrata, ma il suo edificio è integro e restaurato per conto dell'*Associazione della Misericordia*, creata da Michele Pastore.

CRONOTASSI DEI VESCOVI DI NUSCO

La Cronotassi dei Vescovi che brillarono nella Chiesa di Nusco e di quelli che sono viventi è tratta essenzialmente dalla consultazione degli studi di Ferdinando Ughelli, Vincenzo D'Avino, Pasquale Astrominica, Paul Fridolin Kehr, Giuseppe Cappelletti, Konrad Eubel, Pio Bonifacio Gams, Agostino Ceccaroni, Giuseppe Passaro (2 volumi), Pasquale Di Fronzo, Giovanni Mongelli, Francesco Barra.

S. Amato (1048-1050), scrive in latino Ferdinando Ughelli, «nato da nobile famiglia di Nusco, adornato di lettere e di santissimi costumi, fu fatto arci-presbitero della Chiesa matrice; egli sviluppò mirabilmente il culto divino; e poiché molti ne apprezzarono la fama di santità, che si spandeva in lungo e in largo con soavissimo odore, l'Arcivescovo di Salerno della Sede Metropolitana si compiacque di consacrarlo primo Vescovo della Chiesa di Nusco: e la sua assunzione avvenne nel *1048 circa*. Avendo intrapreso ad ornare la novella Sposa, cominciò a edificare la Chiesa madre quasi dalle fondamenta, e dopo averla completata la dedicò a Santo Stefano, la quale, alla sua morte, i posteri consacrarono per cattedrale». Alla sua morte la sede vescovile di Nusco rimase «vacante» per la rottura consumata, nel 1054, tra la chiesa d'Occidente e quella d'Oriente e per la successione scismatica degli antipapi (Onorio II, Benedetto X, Clemente III, Teodorico morto nel 1102 Cava dei Tirreni, Alberto di Atella, che finì i suoi giorni nel monastero di San Lorenzo in Aversa (1102).

Guido è storicamente accertato vescovo di Nusco nel 1104, per aver consacrato Pestico, abate di S. Maria di Fontigliano, monaco del medesimo monastero; il documento della benedizione era custodito, a memoria dell'avvenimento, nel *Tabulario* dell'Episcopio. È stato trafugato «in epoca relativamente recente », cioè in quella dello storiografo nuscano (*nuscensis*) G. Passaro.

Ruggero è storicamente presente in un documento di conferma, che Bartolomeo, vescovo di Nola, fece alla presenza di Guglielmo arcivescovo di Salerno, a favore del monastero di Cava nel 1143. Ruggero dedicò nel luglio 1147 la chiesa di S. Giovanni Battista di Montella e la esentò «con certe obbligazioni».

Guglielmo fiorì nel 1164, quando l'Abate di Fontigliano fu obbligato per legge a pagare il censo alla chiesa di Nusco e il debito al vescovo Guglielmo, come dallo strumento del Tabulario della Chiesa nuscana (Il documento, omesso da F. Ughelli, è riportato nel mio libro: *Nusco storia dal vero*, pp.117-118).

Ruggero II (1216) visse sotto Celestino III e trasferì il corpo di S. Amato in un più degno loculo e dedicò la Cattedrale da lui abbellita, in onore di Sant'Amato.

Luca (... 1240...) procedette alla seconda traslazione del corpo di S. Amato, sistemandolo nella cripta appositamente costruita, e chiuse alcune reliquie in teche d'argento.

Innominato (1264) fu incaricato da Urbano IV di dare, in qualità di delegato della Sede Apostolica, il beneficio rurale di San Modestino, presso Mercogliano, al diacono Alberto di Benevento.

74

Giacomo O. F. M. (+ 1285) si fece consacrare vescovo senza avere chiesto l'obbedienza dai superiori della sua Provincia monastica.

Pietro (1286) è scritto come *P. Episcopus Nuscanus* nel Registro dei re Napoletani.

Ruggero III Gesualdo (+1350) fu creato vescovo di Nusco da Clemente VI quarto papa avignonese. Fu seppellito nella cattedrale di Nusco. Sul tumulo si leggeva l'epitaffio: *Rugerius de Gesualdo Nuscanus Episcopus fieri fecit hoc opus, cuius anima requiescat in pace*. Tommaso Costo attesta: «Essendo fatto vescovo di Nusco Don Ruggiero Gesualdo, il cui nome si vede scolpito in un marmo antico di quel vescovato, volle edificare una cappella dove stava sepolto il corpo di Santo Amato, il quale essendo mosso dal proprio sepolcro si sentì una fragranza di soavi odori».

Francesco (1350-1365), canonico di San Pietro di Sorres, dopo 15 anni di episcopato nuscano, fu traslato il 14 febbraio 1365 alla diocesi di Sorres, in Sardegna.

Arnaldo O. P. (1365), vescovo di Sorres (8 dicembre 1348), fu nominato il 14 dicembre 1365 vescovo di Nusco.

Marco Porri, vescovo di Cèneda (*Diocesis Victoriensis Venetorum*), in provincia di Treviso, dal 1° dicembre 1386, fu trasferito al vescovato di Nusco il 26 gennaio 1394.

Bernardo (1396-1399) da Firenze apparteneva all'Ordine Cistercense. Il giorno 11 ottobre 1396, eletto da Bonifacio IX vescovo di Nusco (*in episcopum Nuscanum in privincia Salernitana*), sottoscrisse la rituale obbligazione di pagare il proprio annuo servizio alla Camera Apostolica e al Collegio per i servizi consueti e di saldare il debito lasciato dal suo predecessore. Dopo tre anni si allontanò, rimanendo vescovo di Nusco, per esercitare l'autorità di Vicario «in pontificalibus» del patriarca di Aquileia, la seconda dignità dopo Roma. L'11 maggio 1405 fu da Innocenzo VII nominato arcivescovo di Tebe con obbligo di risiedervi.

Angelo Barili (1399), vescovo di Lavello menzionato nel 1391, pagò il 18 febbraio (1400) la solita tassa dovuta dal vescovo di Nusco alla Camera Apostolica.

Guglielmo II (1418-1419), del quale si sa ben poco, fu eletto vescovo di Nusco nel 1418. Morì quello stesso anno.

Antonio (1419-1435), di Paternopoli in diocesi di Frigento, pagò tramite Nicola, che si sottoscrisse canonico della cattedrale di Nusco, l'obbligazione alla Camera Apostolica.

Paoluccio o Carluccio (1435-1436), arcidiacono di Sorrento, fu eletto da Eugenio IV vescovo di Nusco il 30 maggio 1435. Passò ad altra vita nel 1436.

Giovanni Pascale O. M. (1437-1465), detto Iannuccio di Montella, ottenne da Pio II, con bolla data da Siena il 10 settembre 1460, l'unione e l'aggregazione alla Mensa episcopale delle rendite della soppressa badia di Fontigliano, rimasta vacante per la morte dell'abate Angelo; il titolo di abate fu trasmesso ai vescovi della cattedrale. Cadde nelle censure ecclesiastiche per avere istituito la collegiata di Montella, formando un solo collegio di nove parroci. Allontanato dalla sua sede vescovile, si ritirò nel convento di Folloni in Montella. Fu tumulato nella chiesa dei Francescani Conventuali.

Gaspare di Miro (1465-1471), canonico della chiesa di Lettere, in Campania, fu vescovo favorevole alla guerra contro i Turchi.

Stefano Moscatelli (1471-1485), nato a Nusco, era arcidiacono della cattedrale quando da Sisto IV fu eletto vescovo l'11 ottobre 1471. Governò la diocesi per 14 anni. Fu seppellito in una cappella della cattedrale, allora sotto il titolo di San Pietro. Il vescovo di Nusco di quel tempo, D. Gaetano D'Arco napoletano, disfatto il sepolcro, raccolse le ossa e le depositò in un nuovo tumulo costruito nel presbiterio per i vescovi (7 giugno 1744). L'anno dopo il decesso, fu scolpita la statua di marmo raffigurante Stefano Moscatelli pontificalmente vestito. È una magnifica statua collocata nella parete del pianerottolo della scalea che porta al sotterraneo di S. Amato. L'iscrizione attesta: *Muscatellus civis et episcopus nuscanus obiit anno reparatae salutis 1486*. Giuseppe Passaro interviene a correggere il documento di un anno in meno (M.CCCC.LXXXV).

Antonio Maramaldo (1485), nobile prete napoletano, prese a governare la chiesa di Nusco il 21 novembre nel 1485. Istituì il Monte frumentario nel 1513 «a sollievo dei poveri». Nel maggio dello stesso anno venne stipulato, col consenso di Leone X, lo Statuto della Masseria armentizia, che «è andato perduto» negli anni cinquanta del XX secolo, per imprudenza o per frode.

Marino de Acciabianca o de Aczia (1513-1523), prima coadiutore di Antonio e poi vescovo di Nusco, fece erigere il maestoso campanile della cattedrale. Dopo dieci anni rinunciò al governo episcopale con l'approvazione della Sede Apostolica.

Geronimo de Aczia (1523-1537), dei conti di Noia napoletano, nominato vescovo il 12 marzo 1523, fu più volte tentato di rinunciare al vescovato per motivi di salute. Morì a Pozzuoli. Il suo corpo, trasportato a Nusco, ricevette la sepoltura nella cattedrale. Costruì il coro della cattedrale e, per tramandarne la memoria, dettò la seguente epigrafe: *Cui domus est Lausina, solum cui Cassia, Praesul Patricius molem hanc sacrat, Amate, tibi.*

Pietro Paolo Parisio vescovo e cardinale (1538-1545), con autorizzazione di Paolo III, sottoscrisse in Roma il «Breve d'indulgenza plenaria» (1542) ad *formam iubilei* in perpetuo dai primi vespri della *traslazione* di S. Amato fino al cadere del giorno della solennità 28 maggio. Vincenzo d'Avino scriveva nel 1848 che il *Breve* di Paolo III Farnese, che indisse il Concilio di Trento per la conciliazione con i protestanti, iniziato il 13 dicembre 1545, doveva trovarsi nell'Archivio capitolare; Giuseppe Passaro assicura che il vescovo Paulini chiuse l'*originale del Breve* in una cornice con vetro e lo mise bene in vista attaccato ad una delle pareti delle udienze capitolari. Il Breve scritto su pergamena rimase nel suddetto luogo fino ai tempi del vescovo Mores e dopo il 1950 «è andato perduto». Giuseppe Passaro nelle sue migliaia di pagine non lo ha mai pubblicato. Perché? Il danno è da considerarsi enorme: due documenti inventati (Il Testamento di S. Amato e la Lettera di Alfano I arcivescovo di Salerno) e tre documenti di capitale importanza storica andati alla malora dopo il 1950, vale a dire: il documento del 1104 del Vescovo Guido, successore di S. Amato, che benedisse Pestico, abate di Fontigliano; Il Breve d'indulgenza plenaria del 1542; la Cronistoria degli avvenimenti succedutisi dal 1578 al 1602, rendono insicuro il filo espositivo della gloriosa storia ecclesiastica di Nusco, che reclama nuovi studi e approfondimenti. Il cardinale Parisio eresse nella cattedrale di Nusco la Congregazione del SS. Sacramento, il cui rettore doveva amministrare i beni della masseria armentizia. La Congregazione cessò di esistere nel 1813.

Aloisio o Luigi Cavalcanti (1545-1563) successe al cardinale Parisio il 1° luglio 1545 e per carca 20 anni resse, lodevolmente, la chiesa di Nusco. Fu trasferito alla sede di Bisignano da Pio IV, che riconvocò e concluse il concilio di Trento. La famiglia Cavalcanti, come scrisse Bernardino Martirano, segretario generale del Regno di Napoli, fiorì per nobiltà di opere nella città di Cosenza: «Dalla celeberrima città metropoli degli Etruschi, che ora è appellata Firenze, emigrarono i Cavalcanti e tra le nostre presero dimora nel 1364 dopo la nascita di Cristo. Il primo che arrivò da noi si chiamò Filippo Cavalcanti molto stimato da Giovanna di Durazzo, Regina del regno di Napoli, del cubicolo, e non di pochi onori e dignità, da lei onorato» [*Clarissima Hetruscorum civitate metropoli quae nunc Florentia appellatur, Cavalcantii emigrarunt, atque inter nostras consederunt anno post Cristum natum MCCCLXIV primus qui ad nos devenit nomine Philippus Cvalcantius Iohannae Duratiae Napolitani regni Regina valde*

78

clarus, a cubiculo, et non paucis honoribus, et dignitatibus ab ea ornatus est]. Della famiglia cosentina dei Cavalcanti scrisse e illustrò onori e dignità Geronimo Sambiase; Florio Bruno cosentino dell'ordine Cistercense stese la storia della nobile famiglia Cavalcanti, che si trovava manoscritta presso Ferdinando Ughelli.

Alessandro Cadaleta (1563-1572), canonico di Molfetta, fu assunto alla cattedra vescovile di Nusco il 15 febbraio 1563. Pastore fervente, rispettoso dei decreti del concilio di Trento, subì persecuzione per i savi provvedimenti che adottò quando vide calare il numero degli armenti e dilapidare il patrimonio di S. Amato. Cessò di vivere nel 1572. Fu seppellito in Napoli, nella chiesa dei SS. Severino e Sossio dei Padri di Montecassino. Il suo tumulo fu rimosso nei lavori di rifacimento della chiesa.

Pietro o Persio de Filiis (1573-1578) di Terni fu nominato vescovo di Nusco il 23 gennaio 1573. Uomo di grande virtù e «ardente difensore delle immunità ecclesiastiche», come lo appella Agostino Ceccaroni, fece restaurare la cattedrale e costruire, dietro l'altare maggiore, il Coro per la recita dell'Ufficio divino. Morì, durante il viaggio a Roma, nell'anno 1578.

Patrizio Lavosio (1578-1602) di Cascia, dell'ordine degli Agostiniani, fu nominato vescovo di Nusco da Gregorio XIII il 15 ottobre 1578. Fece redigere l'inventario dei beni del monastero del S. Salvatore del Goleto. Nella carestia del 1581 destinò il grano necessario per i bisogni della popolazione di Cascia. Cessò di vivere a Napoli nel 1602. Ughelli scrisse di lui in lingua latina: «Nell'anno 1602 morì in Napoli dove giace; egli talvolta fu esule dalla sua chiesa, poiché tutelava con esimia costanza dovunque e sempre i diritti della sua chiesa».

Lazzaro Pellicciari O. P. (1602-1607) di Firenzuola, in diocesi di Parma, fu eletto vescovo di Nusco nel 1602 da Clemente VIII; indi fu trasferito a Modena (1° ottobre 1607-1610).

Giovanni Battista Zuccato (1607-1615) di Finale Emilia, in provincia di Modena, fu creato vescovo di Nusco il 19 novembre 1607. Si conserva una sua Relazione «ad limina» del 20 dicembre 1612. Presentate le dimissioni nel 1614, si ritirò in una casa religiosa di Roma, dove morì il 15 aprile 1618. Fu seppellito nella chiesa di S. Onofrio.

Michele Resti o Rezio (1614-1639), nominato il 28 settembre 1609 - con due anni di dispensa sull'età - vescovo di Stagno, nella regione Dalmazia, divenne il nuovo vescovo di Nusco dal 9 luglio 1614. Durante il suo governo della diocesi di Nusco furono rifatti l'episcopio e il frontespizio della cattedrale, dotata d'un magnifico pulpito in legno dorato e dell'organo «custodito con cura fino al 1952». Allestì un piccolo seminario, ricostituì il Monte frumentario, eresse nella pubblica piazza (ora intitolata a S. Amato) la Croce con colonna in pietra lavorata e basamento, trasferiti in via Santa Croce dove esisteva l'omonima chiesa, compilò il cosiddetto Testamento di S. Amato ricevendo, come scrive G. Passaro, «documentate accuse dai suoi avversari». Fu trasferito alla chiesa di Ascoli Satriano in Puglia dall'8 agosto 1639 al marzo o aprile del 1648, anno del suo decesso.

Francesco Arcudio (1639-1641) di Soleto (LE), erudito nelle lettere latine e greche, fu eletto vescovo di Nusco il 19 dicembre 1639. Preso di mira dai banditi, stabilì la sua abitazione in Montella e poi in Bagnoli Irpino, ospite dei Verginiani. Morì l'8 ottobre 1641, dopo la designazione a vescovo di Andria. Fu seppellito nella Collegiata di Bagnoli. La sua tomba andò distrutta nell'incendio del 13 febbraio 1651.

Fra Giovanni Mauri (1643-1644), nato a La Fratta Perugina (ora Todino) il 1594 circa, è stato un inquisitore nell'epoca in cui il meccanismo dell'Inquisizione s'era messo in moto contro Galileo Galilei, accusato da una commissione di undici consultori «d'esser veemente sospetto di eresia»; sicché il verdetto del Sant'Uffizio, reso pubblico il 22 giugno 1633, non lasciava scampo: «Ordiniamo che per pubblico editto sia proibito il libro dei *Dialoghi* di Galileo Galilei. Ti condanniamo al carcere formale in questo Santo Offizio per tempo ad arbitrio nostro; e per penitenze salutari t'imponiamo, che per tre anni a venire dichi una volta la settimana li sette Salmi penitenziali». Galileo Galilei, scampato al rogo perché non riconosciuto *propriamente eretico*, divenne un esempio per tutti gli scienziati sospettati di sfidare ciò che sta scritto nella Bibbia. Mauri fu membro dell'ordine dei minori conventuali, maestro di Sacra Teologia, lettore in vari conventi del suo ordine francescano. Il 30 gennaio 1629 fu nominato patriarca di Costantinopoli «in partibus» (titolo da cui si dimise nel 1631). Il 9 settembre 1631 fu nominato commissario del suo ordine in Abruzzo. Fu inquisitore di Siena (1634-1636), quindi inquisitore di Firenze (1636-37). Il 30 dicembre 1638 giurò come consultore del Sant'Uffizio. Il 13 gennaio 1643 fu nominato vescovo di Nusco (Herman H. Schwedt, *Die Römische Inquisition*, Freiburg, 2017, pp. 392-393). Sempre infermo e colpito da cecità (come Galileo), Mauri cessò di vivere il 1° novembre 1644. Fu sepolto nella cattedrale di Nusco nella tomba dei vescovi.

Aniello Campagna (1645-1648) di Napoli ebbe la nomina a vescovo di Nusco il 6 marzo 1645. Colpito da apoplessia nel gennaio 1648, morì all'età di quarant'anni. Giace nella cattedrale. Le affermazioni di G. Passaro che «nulla realizzò, ma consumò in beghe e pettegolezzi i tre anni di permanenza sulla cattedra episcopale di S. Amato» sono contraddette dalle considerazioni di Astrominica e D'Avino, che si copiano a vicenda, secondo cui egli lasciò di sé «per la sua liberalità, mansuetudine e clemenza gran desiderio e lutto».

Pietro Paolo Rossi (1649-1657) di S. Menna (SA), allora appartenente alla diocesi di Conza, fu eletto vescovo di Nusco il 1° maggio 1649. Ampliò il palazzo vescovile e gettò le fondamenta di quello di Bagnoli. Per sfuggire alla terribile peste del 1656, che colpì tutto il Regno di Napoli, cercò riparo nel suo paese nativo, dove le azioni brigantesche si aggiunsero ai danni dell'epidemia. Fu ucciso, da un colpo di archibugio, nel mese di maggio 1657.

Fra Benedetto de Ricci (1658-1661) milanese, procuratore generale dell'ordine dei Carmelitani, fu promosso alla cattedra episcopale di Nusco il 6 maggio 1658. Condusse a termine in Bagnoli il palazzo iniziato dal suo predecessore, per andarci ad abitare. L'episcopio di Nusco «dové sembrargli troppo meschino» a parere di G. Passaro, che non tiene conto del giudizio sul comportamento dei nuscani espresso dal vescovo Zuccato e poi da Rocci, nella sua Relazione del 2 marzo 1661. Morì il 6 maggio 1661, 3° anniversario della sua consacrazione episcopale.

Angelo Picchetti (1662-1668), nato a Guidonia Montecelio (RM), dottore in *utroque jure*, dopo aver difeso per molti anni le cause forensi nella Curia Romana, fu nominato come vescovo di Nusco il 5 gennaio 1662. Né venne meno, dice Nicola Coleti nelle note alla seconda edizione dell'*Italia Sacra* di Ughelli, all'ufficio, «che esercitò con ogni cura». Nell'archivio della collegiata di Bagnoli, dove egli fissò la sua residenza, è custodita una sua «laboriosa e diligentissima» Santa Visita. Scelse come Vicario generale Carlo Gargano di Bagnoli, divenuto vescovo di Belcastro in Calabria nel 1672. Nella chiesa di Fontigliano una lapide tramanda come Picchetti la riedificò l'anno dopo la consacrazione episcopale: «A Dio Ottimo Massimo. Questa chiesa di Fontigliano dedicata alla Beata Maria Vergine fatiscente per vetustà Angelo Giordano Picchetti Sabino, Vescovo Nuscano, restaurò nell'anno 1663». [*D.O.M. / Aedem hanc B. M. V. de Fontiliano dicatam / vetustate fatiscentem / Angelus Iordanus Picchettus Sabinus Episcopus Nuscanus / anno M.DC.LXIII restauravit*]. Resse la diocesi di Nusco fino alla sua morte avvenuta a Roma, il 28 settembre 1688. Fu sepolto nella chiesa della SS. Trinità e S. Carlo, appartenente alla Redenzione degli Schiavi, sul monte del Quirinale.

Fra Fulgenzio Arminio (1669-1680) agostiniano, maestro di teologia, membro del Sant'Ufficio in Sicilia, fu annoverato «fra i migliori predicatori del verbo divino». Eletto vescovo di Nusco il 1° aprile 1669, fu consacrato a Roma il 7 successivo dal cardinale Francesco

Maria Brancaccio. Si stabilì a Nusco fino al dicembre 1671; dal gennaio successivo passò alla corte dei viceré di Napoli. Nel maggio 1672, Fuidoro scrisse, nei Giornali, che quando il viceré mangiava il vescovo di Nusco, di casa Monforte, vi assisteva in piedi (*all'erta*); «il viceré talvolta gli porge alcun bucconotto et egli il mangia». Governò la diocesi per 11 anni. Uomo d'ingegno, come si apprende dalle *Schede biografiche inedite* di Michele Bellucci, diede alle stampe discorsi sacri, orazioni funebri, un poema latino su S. Stefano papa. Recatosi a Lucera per sistemare gli affari del defunto fratello Matteo, non volle più far ritorno in sede e presentò le dimissioni al papa Innocenzo XI, i cui meriti maggiori si riferiscono alla difesa contro i Turchi. Ritiratosi, nei primi mesi del 1680, nella clausura del monastero degli Agostiniani, vi morì nel 1682.

Giacinto Jeronimo Sangermano (1680-1702), patrizio della città di Bisignano, dove nacque il 7 gennaio 1638, laureato in diritto canonico e civile, rettore della Chiesa parrocchiale di S. Spirito in Roma, fu promosso come vescovo di Nusco il 7 ottobre 1680; fu consacrato dal cardinale Carlo Pio di Savoia, il 13 ottobre dello stesso anno, con l'obbligo di riparare la cattedrale e l'episcopio e d'incrementare il numero dei seminaristi. Non avendo potuto mettere fine alle turbolenze capitolari e alla cattiva amministrazione dei predecessori, fu costretto ad allontanarsi dalla diocesi. Arrivò a Nusco, il 21 novembre 1696, D. Francesco Noia, arciprete di Chiusano e vicario generale di Fra Celestino Labonìa, vescovo di Montemarano. Noia, come vicario apostolico di Nusco, volle emulare Sangermano, che aveva persuaso la duchessa Ottavia Renzi a donare al clero della collegiata di Bagnoli le ossa del martire S. Onorio, dichiarato «Protettore del paese». Noia scrisse i *Discorsi critici su l'Istoria di S. Amato*, che si ricordano per le polemiche suscitate per aver negato, nella risposta data a Francesco Perez Navarrete, la storicità del miracolo del Sacco detto di S. Francesco d'Assisi, che fondò a Montella, nel 1222, per sé e per i suoi religiosi, il monastero di Folloni, mentre si recava a visitare la grotta di San Michele al Gargano. Sangermano e il fratello

Michele, dopo il terremoto del 1695, che colpì Monteverde, comprarono dal Regio Fisco il castello di Monteverde. Sangermano, prima di morire legò alla Chiesa di Nusco 600 ducati, che vennero spesi per l'acquisto di 6 sontuosi candelabri d'argento. Cessò di vivere a Monteverde, unita all'arcidiocesi di Nazareth, il 7 giugno 1702.

Giacinto Dragonetti (1703-1724), patrizio dell'Aquila, religioso dell'Oratorio di S. Filippo Neri, laureato in filosofia e teologia, fu nominato vescovo di Nusco il 5 marzo 1703. Nel 1704, durante i festeggiamenti della traslazione delle reliquie di S. Amato, i ladri penetrarono nella cattedrale, pomposamente parata, e la privarono di molte ricchezze, dette «Tesoro di S. Amato». La refurtiva contava la statua con la teca del braccio di S. Amato, l'altra di S. Stefano, sei candelabri d'argento, la croce, tre lampade, quattro ampolle con catinella, incensiere, calici e altri sacri utensili d'argento, una ricchissima mitria, che ha fatto fantasticare sulla sua provenienza. Il vescovo Dragonetti, a parere di G. Passaro, «rimase indifferente». Non così il cielo, poiché «divenuto diaccio a vista di tanta empietà, fece cadere gran copia di neve, quando per la stagione era meno da aspettare. I rei, pertanto, né il furto furono in niuna guisa discoperti». Vero è che quel bottino è entrato a far parte del Museo Diocesano di Nusco. Dopo molte opere enumerate, secondo G. Passaro, «con tono ampolloso», Dragonetti fu trasferito a ad Avezzano (*diocesis Marsorum*) in data 11 settembre 1724. Fu nominato da Benedetto XIII Assistente al Soglio pontificio (23 dicembre 1727). Cessò di vivere a L'Aquila il 20 dicembre 1730.

Niccolò Tupputi (1724-1740), patrizio di Barletta, eletto vescovo di Nusco, l'11 settembre 1724, fu consacrato tredici giorni dopo a Roma da Benedetto XIII Orsini, che era stato arcivescovo di Benevento (1686). Preso a bersaglio dalle ostilità del capitolo, che voleva mantenere privilegi secondo l'uso antico, ricevette nel 1729 la visita di D. Giovanni Ghirardi, vescovo di Montemarano, delegato apostolico della Santa Sede, come dagli atti dell'archivio delle due cattedrale. Tacitate le liti, diede inizio a diligenti lavori di decoro della cattedrale. Costruì un nuovo altare di marmo e un altro del SS. Sacramento; fece grandi spese per il miglioramento dell'episcopio e per le suppellettili; ricostruì l'ipogeo (sotterraneo) e l'altare di marmo dove depose le ossa di S. Amato proto-episcopo nuscano, come tramandano due lapidi che si trascrivono: *Sancti Amati primi episcopi civis et patroni Nusci. Corpus e veteri sepulcro extractum sub hoc altari repositum ab illustrissimo et reverendissimo D. Nicolao Tupputi episcopo Nuscano fuit. Die 24 mensis septembris 1730; Die vero 29 ejusdem mensis ad Dei gloriam et Sancti Amati Protectoris altare predictum consecratum ab eodem Episcopo*. Nel 1740 «questo pastore ricco di tanti meriti, di mezzo alle avversità passò alla pace dei giusti» (P. Astrominica, p. 24).

Gaetano d'Arco (1741-1753), vescovo di Strongoli dal 1735, dopo sei anni fu trasferito alla Chiesa di Nusco, dove governò 12 anni. Consacrò di nuovo la cattedrale, ampliata e decorata, nella domenica 12 settembre del 1751. L'anniversario annuale fu fissato il 20 di ottobre. Da questo giorno la cattedrale si cominciò a denominare non più di S. Stefano ma del Santissimo (Sacramento) e di S. Amato. Perché fino ad allora la cattedrale non era stata dedicata a Sant'Amato? Al vescovo «Caietano Arco» i canonici di Nusco dedicarono, nel 1805, un mausoleo di marmo di Carrara con una lunga iscrizione.

Francesco Antonio Bonaventura (1753-1788), nato a Barletta, di costumi santi e caritatevole, espertissimo di diritto, fu elevato alla cattedra episcopale di Nusco il 26 novembre 1753; fece ingresso nella diocesi il 31 gennaio del 1754. Rifece dalle fondamenta il sontuoso episcopio e restituì, il 1° novembre 1760, la cattedrale «a più elegante forma». Visse anni 75 e morì il 15 giugno 1788, come recita la lapide. Trasformò la cappella del Purgatorio in «Tesoro». Il periodo del suo episcopato è considerato da Giuseppe Passaro «uno dei più fulgidi per la diocesi nuscana».

Francesco Saverio De Vivo (1791-1797), salernitano, laureato in «utroque jure», fu promosso arcivescovo di Lanciano, dove Gianni Marino ha scoperto un'immagine di S. Amato in abito monastico, ricavata dal «Sommario della vita di S. Amato» scritto da Paolo Regio (1593), e una statua lignea del Santo eseguita a Ortisei. Ai piedi del Santo sono due pecorelle, che raffigurano le chiese di Lanciano e Nusco. Da Lanciano (1787-1791) fu trasferito a Nusco, senza perdere il titolo personale di arcivescovo. Passaro lo accusa di non aver celebrato «il settimo centenario della morte di S. Amato». Il fatto si spiega perché per il calcolo dell'arcivescovo e dei monaci verginiani ricorreva invece l'ottavo centenario.

Matteo Aceto (1818-1819), arcidiacono della chiesa cattedrale di Salerno, dopo un lungo periodo di vacanza episcopale, fu promosso come vescovo di Nusco da Pio VII, il 21 dicembre 1818, all'età di 78 anni. Stette in carica soltanto 18 giorni. Il 27 giugno 1818 con bolla pontificia fu soppressa la diocesi di *Montemarano* e i suoi territori furono aggregati alla diocesi di Nusco, che era retta dall'Amministratore apostolico Marino Paglia, arcivescovo di Salerno. Come per la diocesi di Nusco, così per quella di Montemarano non si conosce esattamente l'epoca dell'erezione a sede vescovile. Primo vescovo di Montemarano, di cui si abbiano certe notizie, è S. Giovanni monaco benedettino, insigne per virtù e santità. Lo seguirono «ben altri 40 sacri pastori» fino alla soppressione della diocesi. L'epigrafe nella cappella del duomo di Salerno ricorda che Matteo Aceto fu vescovo *Nuschensis Diöecesis in Hirpinis*. L'espressione lapidea *Florente adhuc iuventa* non piacque a Giuseppe Passaro, che la riferì ad Aceto quando era vescovo di Nusco, mentre significava che Matteo Aceto *nella fiorente gioventù* aveva coltivato gli studi di filosofia.

Pasquale De Nicolais (1820-1835), di Cervinara, occupò la cattedra episcopale nel febbraio del 1820. Riconosciuto poi inadatto al governo della chiesa, fu invitato dal Ministro degli Affari Ecclesiastici a dimettersi, cosa che gli venne suggerita anche dal cardinale Giuseppe Sala, entro i termini stabiliti. Non avendo provveduto a presentare le dimissioni, fu privato di ogni giurisdizione spirituale e temporale sulla diocesi da Gregorio XVI con breve del 15 maggio 1835. Ritiratosi nel suo paese, morì di colera il 16 maggio 1837.

Francesco Paolo Mastropasqua (1837-1848) di Molfetta, nominato dapprima vicario generale da Marino Paglia, metropolitano di Salerno, fece poi il suo ingresso alla sede vescovile di Nusco il 1° novembre 1837. Dotato di «gran mente e di gran cuore», realizzò parecchie opere: rifece la cattedrale, eresse dalle fondamenta la cappella per il battistero di marmo pregiato, ampliò il seminario, riedificò la chiesa di Fontigliano «di figura novella», ristabilì la disciplina ecclesiastica. Morì in Montemarano, il 25 giugno 1848, all'età di 62 anni.

Giuseppe Autelitano (1849-1854), nato a Bova (RC) nel 1795, canonico della cattedrale, fu nominato vescovo di Nusco nel febbraio 1849; fece il suo ingresso nella diocesi il 18 marzo successivo. Morì a Nusco di colera il 29 aprile 1854. Coniugò la sete di missione sacerdotale e la passione per gli studi storici ed ecclesiastici. Riuscì a recuperare una *Cronaca* anonima manoscritta, di un bovese del '700, dalla quale trasse profitto per la compilazione d'una storia di Bova, «corredata da qualche notizia fantasiosa ma anche da precise e puntuali osservazioni, dimostratesi poi, in massima parte, fondate».

Michele Adinolfi (1854-1860), nato ad Avellino, dottore in Sacra Teologia, fu presentato dal re delle Due Sicilie vescovo di Nusco, il 30 novembre 1854. Consacrato a Roma, dal cardinale Cosimo Corsi (3 dicembre 1854), si trovava ancora a Roma l'8 dicembre per assistere alla solenne proclamazione del dogma dell'Immacolata Concezione, fatta da Pio IX. Con decreto del 30 settembre 1858, lo stesso pontefice confermò S. Amato Patrono principale della città e diocesi di Nusco. Traslato alla diocesi di Nocera (23 marzo 1860), Adinolfi morì nel 1863 circa.

Gaetano Stiscia (1860-1870) fu presentato dal re come vescovo di Nusco e fu confermato dalla Santa Sede. Venne consacrato a Roma, il 22 aprile 1860, dal cardinale Girolamo D'Andrea. In contrasto con il predecessore Adinolfi, volle spostare la data di festa della traslazione di S. Amato. Ammalatosi gravemente, si ritirò a Montecalvo Irpino, suo paese natale, dove morì il 24 aprile 1870.

Giovanni Acquaviva (1871-1893) trasse i natali in San Mauro Forte (Tricarico) a dì 15 febbraio 1818. Studiò in Napoli nella casa dei PP. dell'Oratorio, cui appartenne fin dal 1835. Nel 1842 a dì 12 marzo, fu elevato alla dignità sacerdotale in Napoli, e nell'esercizio del sacro ministero si meritò la venerazione e la stima di tutti. A dì 22 dicembre 1871, Sua Santità Pio IX lo preconizzò vescovo di Nusco. Migliorò la rendita della mensa e del capitolo. Nel 1º ottobre 1881, Leone XIII lo nominò Assistente al Soglio. Il 1º agosto 1883 cantò Messa pontificale per le vittime del terremoto di Casamicciola e dintorni. Si ritirò in Napoli presso i Padri Gerolamini, rimanendo vescovo di Nusco fino al 26 novembre 1893.

Giuseppe Consenti (1893-1894) di Galatina (LE), nominato coadiutore con futura successione, resse la diocesi di Nusco dal 26 gennaio 1893. Trasferito alla diocesi di Lucera, continuò come Amministratore apostolico a governare quella di Nusco fino al 26 dicembre 1894.

Emilio Alfonso Todisco Grande (1894-1896) di Bisceglie fu nominato vescovo di Lucera nel 1892 ma non ottenne il *Regio exequator*. Allora prese il titolo vescovile di Arcadiopolis, in Asia Minore. Fece ingresso solenne nella diocesi di Nusco il 26 dicembre 1894. Morì il 24 agosto 1896.

Michele Arcangelo Pirone (1896-1909) di Avellino fu eletto vescovo di Nusco il 30 novembre 1896 e consacrato a Roma il 6 dicembre successivo. Di animo buono e caritatevole, fu amico e difensore dei poveri. Confermò, il 31 maggio 1898, l'erezione della Congrega di S. Antonio da Padova. Nell'ottobre 1897 fu nominato professore e vicerettore del seminario di Nusco Antonio Teutonico, nato a S. Elia a Pianisi (CB), divenuto vescovo d'Aversa (1936-1964). Mons. Pirone morì in Avellino il 5 febbraio 1909.

Angelo Giacinto Scapardini (1909-1910) dell'ordine dei Frati Predicatori fu nominato vescovo di Nusco il 28 aprile 1909 e consacrato a Torino dal cardinale Agostino Richelmy. Dopo un solo anno fu promosso arcivescovo titolare di Antiochia di Pisidia, quindi arcivescovo titolare di Damasco, Internunzio apostolico in Bolivia e in Perù, Nunzio apostolico in Brasile. Trasferito nel 1921 alla sede di Vigevano, vi morì il 18 maggio 1937.

Luigi Paulini (1911-1919), nato a Formeaso di Zuglio, il 20 settembre 1862, fu nominato vescovo di Nusco da Pio X secondo un programma di benefico avvicendamento dei vescovi nati nel Settentrione più evoluto con i vescovi del Sud. Paulini fu consacrato vescovo di Nusco l'8 dicembre 1911. Si disse che fu umile e colto e «mirò a portare nel popolo nuscano, caduto in uno stato di grave miseria materiale, lo spirito di Gesù Cristo». Chiese e ottenne il trasferimento alla sede di Concordia Sagittaria (VE). Morì a Portogruaro il 24 febbraio 1945. Resse la sede vacante di Nusco l'Amministratore apostolico Carlo Gregorio Grasso, arcivescovo di Salerno.

Pasquale Mores (1919-1950) fu eletto vescovo di Nusco il 15 dicembre 1919 e consacrato il 18 gennaio 1920 in Lucera dal cardinale Alessio Ascalesi, arcivescovo di Benevento. Amministratore apostolico di Lucera, fece il suo ingresso in diocesi di Nusco il 29 giugno 1920. Il nipote materno, Raffaele Calabrìa, iniziò da sacerdote la sua esperienza pastorale a Nusco e profuse poi notevole impegno nel governo dell'arcidiocesi di Benevento, dove sono stati sepolti in cattedrale i suoi resti mortali in attesa dell'Angelo della resurrezione. Mons. Mores, colpito da trombosi cerebrale, si dimise. Fu nominato, il 31 gennaio 1950, arcivescovo di Fulli del Patriarcato di Costantinopoli. Mores morì a Lucera il 15 maggio 1960. Per pochi mesi Cristoforo Carullo, arcivescovo di Conza e vescovo di S. Angelo dei Lombardi, divenne Amministratore apostolico di Nusco, vale a dire dal 31 gennaio al 27 maggio 1950.

Guido Maria Casullo (1951-1963), nato a Monteleone di Puglia il 27 maggio 1909, da Giuseppe Antonio e Caterina Contella, fu nominato sacerdote il 16 luglio 1932 nella cattedrale di Ariano Irpino. Eletto vescovo di Nusco il 27 maggio 1951 fu consacrato il 15 luglio dello stesso anno nella cattedrale di Ariano Irpino. Avviò i lavori di restauro della cattedrale di Nusco e dell'ex Seminario. Diede forte impulso al *Collegio Vescovile "S. Giuseppe"*. L'11 febbraio 1963 fu trasferito alla sede titolare di Ustica e nominato Ausiliare dell'abate di Candido Mendes. Divenne Amministratore apostolico della diocesi di Nusco Iolando Nuzzi, vescovo di Campagna. Mons. Casullo passò un breve periodo in Avellino e terminò la sua vita terrena a Fortaleza (10 gennaio 2004).

Gastone Mojaisky Perrelli (1963-1978), nato il 6 agosto 1914 a Buonalbergo, da Carlo e Alceste Perrelli, ordinato sacerdote il 1° agosto 1937, fu assunto presso la Segreteria di Stato e inviato in Bolivia (1942), a Santiago del Cile (1946), in Svizzera (1949), in Messico (1951), a Cuba e in Guatemala, a Mombasa (1957), nel Congo, a Leopoldville (1959), in Ruanda-Burundi. Consacrato arcivescovo il 1° novembre 1959, fu coinvolto nei fatti di Kindu e mandato a Nusco per un periodo di riposo. Fece il suo ingresso in Nusco il 10 maggio 1963, conservando, per i meriti personali, il titolo di arcivescovo. Creato arcivescovo di Conza (1973), tenne contemporaneamente il governo ordinario della diocesi di Nusco (1973). Si dimise per sopraggiunti limiti d'età (18 novembre 1978). Ritiratosi nel Santuario del SS. Salvatore di Montella, si trasferì poi a Napoli, presso la Congregazione dei Padri Vincenziani, dove è morto all'alba del 5 marzo 2008 rimpianto da tutti per il suo attaccamento al dovere religioso e per l'alta statura culturale. Aveva trasformato l'episcopio di Nusco in galleria d'arte sacra. Giuseppe Passaro terminava la sua la *Cronotassi dei Vescovi di Nusco* rivelando gli aspetti migliori del governo episcopale di Mojaisky Perrelli e nutrendo la vana speranza di far rimanere la sede vescovile di Nusco senza l'aggregazione ad altre diocesi: «Colto, amantissimo di quanto ha gusto d'arte, la sua è stata un'opera di vera resurrezione di quanto di bello era stato accantonato, per non dire accatastato, e giaceva negletto. Un respiro ampio di signorilità e buon gusto è il riordinato episcopio, che egli regge con mano accorta e senza peso». Nino Iuliano, estimatore della tradizione nuscana, lo definiva «arcivescovo galantuomo».

Mario Miglietta (1979-1981), nato a Leverano (LE) il 25 gennaio 1925, fu ordinato sacerdote il 10 agosto 1947. Promosso arcivescovo di Conza e vescovo di Nusco il 18 novembre 1978, fu consacrato il 14 gennaio 1979. Scampato al terremoto del 1980, governò le diocesi pienamente unite, per decreto della Sacra Congregazione dei Riti nel 1986, di *S. Angelo dei Lombardi-Bisaccia-Conza-Nusco*. La chiesa maggiore di Nusco dedicata a S. Amato ha preso la denominazione di *concattedrale*. Egli fu trasferito alla sede di Ugento-Santa Maria di Leuca, conservando il titolo personale di arcivescovo. Nel 1992, si dimise per motivi di salute. È deceduto ad Albano Laziale il 17 gennaio 1996.

Antonio Nuzzi (1981-1988), nato a Boiano (CB) il 3 agosto 1926, ordinato sacerdote il 7 agosto 1949, nominato vicario generale dell'arcidiocesi Boiano-Campobasso e poi Amministratore apostolico, fu eletto arcivescovo alle sedi di Conza, Sant'Angelo dei Lombardi, Bisaccia e Nusco il 21 febbraio 1981 e consacrato a Boiano il 15 marzo 1981. Trasferito, il 31 dicembre 1988, alla sede vescovile di Teramo-Atri ha conservato il titolo personale di arcivescovo. Divenuto emerito il 24 agosto 2002, ha cessato di vivere il 9 settembre 2016.

Mario Milano (1989-1999), nato a Nicastro il 23 aprile 1936, eletto Arcivescovo di Sant'Angelo dei Lombardi-Conza-Nusco-Bisaccia il 14 dicembre 1989, all'età di 53 anni, ha ricevuto l'ordinazione episcopale a Roma il 6 gennaio 1990 da Giovanni Paolo II. Negli anni di permanenza nell'arcidiocesi irpina, fece aprire o ricostruire numerose chiese e strutture diocesane che erano state danneggiate dal terremoto del 1980. Il 28 febbraio 1988 fu trasferito alla diocesi di Aversa, conservando il titolo personale di arcivescovo. In un territorio segnato da criminalità e inquinamento ambientale, celebrò il Congresso eucaristico e il Sinodo diocesano. Non diede il proprio assenso al processo di beatificazione di don Peppino Diana, sacerdote ucciso dalla camorra, e venne accusato dalla stampa di presunto ammiccamento alla malavita e costretto a presentare le proprie dimissioni pochi mesi prima del compimento del 75° anno d'età. Vive a Frattamaggiore in una casa canonica della basilica di San Sossio.

Salvatore Nunnari (1999-2004), nato a Reggio Calabria l'11 giugno 1939, ordinato sacerdote nel 1964, è stato arcivescovo di Sant'Angelo dei Lombardi-Conza-Nusco-Bisaccia. Trasferito all'arcidiocesi Cosenza-Bisignano con decreto, letto sabato 18 dicembre 2004, alle ore dodici, nella cattedrale di Cosenza, è arcivescovo emerito. Dimora nel Seminario arcivescovile a Quattromiglia di Rende.

Francesco Alfano (2005-2012), nato a Nocera Inferiore il 13 giugno 1956, dal 1996 cappellano di Sua Santità, è stato nominato arcivescovo il 14 maggio 2005 da Benedetto XVI. La solenne liturgia d'ordinazione è stata celebrata, in Nocera Inferiore (sabato 2 luglio 2005), dal vescovo Gioacchino Illiano, co-consacranti gli arcivescovi Paolo Romeo e Salvatore Nunnari. Il 28 aprile 2012 ha fatto ingresso solenne nell'arcidiocesi di Sorrento-Castellammare di Stabia pur continuando ad amministrare l'arcidiocesi di S. Angelo dei Lombardi-Conza-Nusco-Bisaccia fino al 6 gennaio 2013. Risiede nel seminario arcivescovile di Vico Equense.

Pasquale Cascio (2012...), nato a Castelcivita in diocesi di Teggiano-Policastro il 29 novembre 1957, ordinato sacerdote dal vescovo Umberto Altomare, è stato nominato da Benedetto XVI arcivescovo di S. Angelo dei Lombardi-Conza-Nusco-Bisaccia il 27 ottobre 2012, per l'imposizione delle mani del cardinale Crescenzio Sepe, arcivescovo di Napoli. Il 6 gennaio ha fatto il suo ingresso ufficiale nella cattedrale di Sant'Angelo dei Lombardi dedicata a Sant'Antonino martire suffraganea dell'arcidiocesi di Benevento. La sua fortezza non sta solo nel silenzio e nella speranza, come recita il suo stemma, ma anche nella conoscenza approfondita della Sacra Scrittura. La sua oratoria è persuasiva ed avvincente. È felicemente in carica. Vicario generale è mons. Donato Cassese.

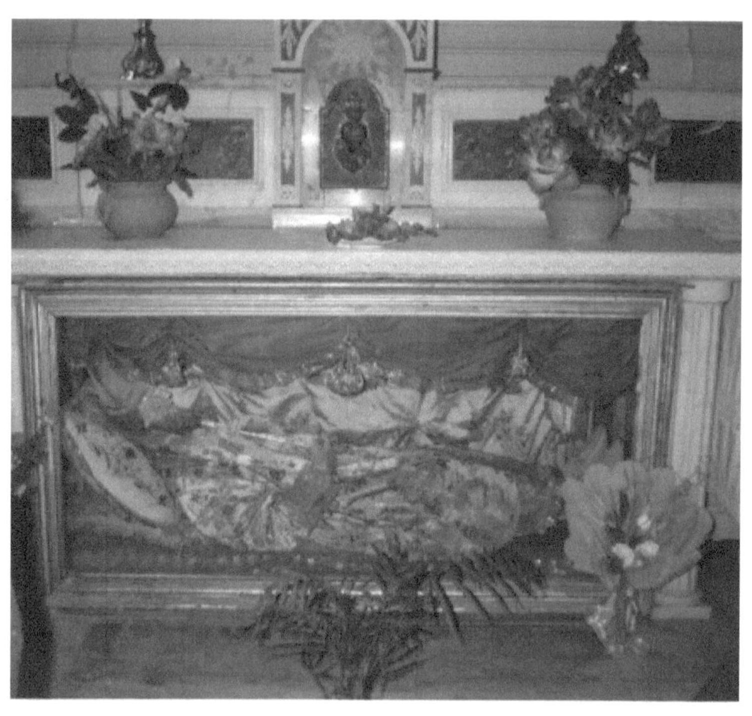

S. Amato di Nusco - Ipogeo della cattedrale

STORIA CONTEMPORANEA

Nel periodo del Risorgimento, inteso come esito naturale dell'unificazione italiana, i nuscani non si tirarono indietro, né si misero a guardare dalla finestra, ma furono parte attiva dei moti carbonari del 1820-1821, poiché sorsero in Nusco due vendite della Carboneria: i Figli della Patria e la Prudenza. I briganti Alfonso Carbone e Ferdinando Pico di Montella cercavano, come altri che facevano scorrerie nel territorio nuscano, una «giustizia giusta»; ma le cifre della selvaggia repressione del brigantaggio sono tutte contenute nelle carte d'archivio. Sparirono i briganti, sostituiti dagli emigranti oltreoceano e verso il triangolo industriale (Torino, Milano, Genova). Un bisogno di fare fortuna altrove e riscattare le miserie e le tristezze d'una terra diseredata da secoli.

Agli inizi del Novecento anche in Nusco fu celebrata la conquista della Libia (1912). Nella prima guerra mondiale morirono 76 nuscani, 14 risultarono dispersi, 10 furono mutilati, invalidi e feriti, 11 iscritti all'albo d'oro della decorazione.

Nella seconda guerra furono portati via da Nusco 64 soldati morti in guerra e 8 caduti civili. I loro ritratti sono appesi al cuore e i loro nomi gloriosi sono incisi, dal 26 settembre 1993, assieme a quelli dei morti nuscani della prima guerra mondiale, sulla granitica lapide ai piedi del monumento ai caduti nella villa comunale.

Il terremoto del 23 novembre 1980 fece altre vittime. L'Università degli Studi di Napoli e il Centro di specializzazioni e ricerche economico-agrarie per il Mezzogiorno di Portici delimitarono l'area colpita dal sisma: «Il terremoto del 23 novembre ha avuto - a quel che si dice - l'epicentro nelle profondità sottostanti al complesso montano del Cervialto (m. 1809) e ha, quindi, investito per primo e più violentemente il cuore dell'Appennino campano e lucano, ossia le alte e medie valli dell'Ofanto e del Sele con le annesse terre del bacino del Tanagro, coinvolgendo gravemente, verso sud, le zone montane del potentino e verso nord il contiguo complesso montano del Terminio e, al di là di questo, da un lato l'alta valle del Calore e, dall'altro, l'alta valle del Sabato (...). Quello delimitato è un territorio, senza soluzione di continuità di quasi 300.000 ettari, con una popolazione di oltre 230.000 abitanti; ricade nelle tre province di Avellino, Salerno e Potenza e investe 71 comuni». Nino Iorlano e Vania Palmieri di Lioni, scrittori e giornalisti di professione, nel libro: *Di che colore avrebbero avuto gli occhi* (Lioni, Altirpinia, 1996), con la mia *Introduzione*, reso attraente dalla prosa attentissima alla pietas umana e alle situazioni spirituali e morali, prive di naturalismo fotografico, narrano i fatti con linguaggio semplice e intenso e con commozione senza averla ricercata: «Le finestre socchiuse del palazzo erano trapassate dai raggi dei lampioni accesi, Michelino sonnecchiava sulla poltrona; Salvatore (Del Giudice) e Rocchina (Mignone) si concedevano un'ora di riposo; Teresina accendeva il camino, anche se la sera era mite. L'atmosfera era tersa. Il cielo uno spettacolo! Immenso, pieno di scintillii. Le montagne trasmettevano un'insolita magia. La luna strana, enorme, luminosissima. Nessuno intuiva. Fu un attimo e il giardino si trasformò in deserto».

Fin dalle prime ore, il dottore e poeta Alfonso Faia e Michele Pastore organizzarono un presidio medico, che riaccese la speranza in molti nuscani. Quei terribili 90 minuti di scosse fecero in Nusco 13 vittime, ma il vecchio nucleo abitato di Nusco non subì «danni irreparabili». La ricostruzione realizzata a Nusco registrò «numerose e lusinghiere valutazioni». La professoressa Viviana Castelli del CNR presso l'AR Sismologia dell'Osservatorio Geofisico Sperimentale di Macerata mi pose, come cultore di storia, il quesito sulle motivazioni delle facoltà «antisismiche» attribuite a S. Amato. La risposta non si fece attendere. Il 29 novembre 1732 il terremoto colpì il Principato Ultra, distruggendo interamente Ariano, ma non la città di Nusco. Fra le case danneggiate si trovò il quadro di S. Amato attaccato alla parete rimasta prodigiosamente in piedi. Fu questo il segno della protezione di S. Amato dai pericoli del terremoto. Scienza e fede possono andare d'accordo. È provato anche che il 27 maggio 1879, alcuni lavoratori forestieri segavano la legna del bosco in contrada San Pietro. Un lavoratore nuscano li esortò ad astenersi l'indomani per la festa della traslazione delle ossa di S. Amato. Non vollero ascoltarlo e si recarono al lavoro; ma poco dopo mezzogiorno dovettero sospendere il lavoro per una violenta scossa di terremoto. Atterriti per il «meritato» castigo, si precipitarono in chiesa a pregare e a chiedere la protezione del Santo. Per tale fatto, nella Curia vescovile fu istruito un regolare processo; e i lavoratori di Nusco, il 28 maggio, per molti anni hanno lasciato il lavoro per ascoltare il pontificale e accostarsi ai sacramenti. Nella *Lettera pastorale* Mario Milano, arcivescovo di Sant'Angelo dei Lombardi e vescovo di Nusco, dichiarava: «Il popolo nuscano è testimone, nella sua secolare devozione al Santo, della sollecitudine del Santo verso le sue necessità spirituali e temporali». Il Sindaco avv. Giuseppe De Mita, figlio del preside Vincenzo, ha continuato il lavoro amministrativo con provata capacità e con la certezza che a nessuno serve imbastire processi storici e pensare di risolvere i problemi d'una realtà in crisi senza il ricorso a principi e ad esigenze di cooperazione e ai valori in continua evoluzione.

L'amministrazione comunale dell'avv. Giuseppe Del Giudice, figlio di Francesco e di Anna Maria Carbonara, ha operato con successo per coniugare storia e modernità e per la tutela dell'ambiente attivando un processo di partecipazione collettiva e facendo appello al lavoro e alla solidarietà che vincono il pessimismo.

Nusco vanta di avere dato i natali il 2 febbraio 1928 a Ciriaco De Mita, uomo politico e deputato della DC. È stato vicepresidente del partito, ministro dell'industria, del commercio con l'estero e per i problemi del Mezzogiorno. Di nuovo vicesegretario (1980), n'era divenuto segretario nel 1982. Rieletto nel 1986, è stato *Presidente del Consiglio* dei Ministri nel 1988 alla testa di un pentapartito. I suoi programmi di riforma istituzionale incontrarono l'aspra opposizione di Bettino Craxi socialista, che coinvolto nell'inchiesta Mani Pulite fuggì ad Hammamet, protetto dall'amico Ben Alì, e morì nella latitanza in Tunisia, per arresto cardiaco (19 gennaio 2000), tra le braccia della figlia Stefania. Nel 1989 Ciriaco De Mita è stato presidente della DC e della Commissione bilaterale per le riforme elettorali. Il suo partito era minato da clientelismo e scandali. Egli resistette e affrontò le elezioni del 1994. Riuscì ancora a farsi stimare e temere. Si schierò con i «Popolari» di Gerardo Bianco e, nel 1996, fu eletto nella lista autonoma «Democrazia e Libertà». Membro della Commissione parlamentare per le Riforme costituzionali, è stato eletto al Parlamento europeo nel 1999 con il PPI. Schieratosi poi con la Margherita, è stato eletto, nel maggio 2001, deputato al Parlamento italiano. Fu De Mita a nominare Prodi suo consigliere politico e a spianare l'impegno in politica di Sergio Mattarella, attuale Presidente della Repubblica Italiana. Definito «il filosofo della Magna Grecia», Ciriaco De Mita è ancora sulla breccia, longevo o lucido sindaco della città di Nusco dal 2014, intento alla politica della crescita sociale e civile della comunità.

L'incanto del paesaggio di Nusco ha ispirato tanti artisti: *Giuseppe Casciaro* (1863-1945), *Salvo Parisio Perrotti*, marchese di Nusco,

Generoso Bicchetti, che alternava con pari fortuna l'olio al pastello e al lapis: «tecniche differenti ma espressioni unanimi di gusto, di plasticità e di composizione armonica», *Michele Lombardi*, direttore di «Nuovo Sud», *Giuseppe Giordano*, nipote dello storico, *Michele Prudente* scultore, *Gerardo Natale* che alla nascita di suo figlio si scopre pittore, trattando i soggetti e temi con coerenza e creando una visione contemplativa, *Antonio Ressa, Gerardo Iuliano*. Le opere di *Luigi Greco*, eccellente acquarellista (che ha eseguito il dipinto in copertina di questo libro), di *Francesco Bitonti*, fondatore dell'introspezionismo pittorico, *Francesco Felicino De Rose*, neoimpressionista, si segnalano per l'eleganza formale, il vero senso estetico, l'interpretazione suggestiva di visioni e aspetti particolari della città di Nusco.

Pierre Hugot, ufficiale di Montpellier, descrive Nusco come un borgo di un'altra epoca, tra ambigua dialettica di verità e strano incanto. Nel suo *Diario* afferma: «Nusco, una volta che vi si è entrati, si rivela essere stata ardente, laboriosa, tutta un fervore d'attività commerciali e artistiche. Una città completa anzi, poiché episcopale, universitaria, che diffonde ogni mattina, in mezzo ad una splendida campagna, di cui nemmeno un pollice di terra è lasciato libero, la folla laboriosa dei suoi conversi che, a sera, varcano di nuovo il portico familiare con un fragore di richiami gioiosi e di carri paesani. Le vie sono strette, lastricate di piccoli ciottoli, e s'irradiano attorno a due piazze: quella della chiesa centrale e quella della scuola, con una piazza ombreggiata, da dove si scoprono la pianura dai filari di pioppi, poi le gole selvagge del massiccio del Belvedere. Da questo lato, il paese domina il pendio a picco, negli ammassi di detriti rocciosi. Le ali di mura grigie e nude richiamano, lassù, il regno pieno della vita delle massaie e dei bambini. Ad est il paese si lega alla campagna attraverso un movimento più sfumato. È di lì che noi arrivammo in questo borgo di un'altra epoca, in mezzo al rimbombo insolito dei motori degli Americani (...). Se penso alla terra italiana, più che alle ore acute di sofferenza e più che alle tenere ore crepuscolari sulla costiera napoletana, è alle ore trascorse a Nusco che ritorno irresistibilmente. Per il viaggiatore della pianura, la città è impenetrabile, massiccia, ostile, lassù sulla montagna. Tutto intorno c'è l'ammasso romantico delle montagne, il mantello rugoso della foresta e, più in alto, l'erba rasa delle cime cosparsa di neve. Così è stata la mia prima visione di Nusco: un sole obliquo che modella i rilievi di ombre sfumate; una lunga scia di pulviscolo solare che attraversa da un capo all'altro la valle e che penetra, durante il percorso, nelle finestre del convento di S. Francesco (a Folloni), posto come un dado sul cappello appuntito di un brigante dell'Abruzzo. Nella penombra polverosa ed impercettibile della vallata risuona una campana, grave e lontana. C'è in questo paesaggio, una presenza di simboli, un richiamo così diretto all'anima, che nessuno può restarne insensibile (...). Dalle finestre di Nusco, a due leghe, su di un pendio assolato, si vedono le mura di Torella dei Lombardi e così, di collina in collina, come tanti eremi gelosamente chiusi alla curiosità del secolo, i paesi, con le loro allegre campane, si rispondono fino all'orizzonte». Allo scrittore francese Nusco apparve, nei drammatici giorni di settembre 1943, «un territorio fuori dalla guerra, esterna ad essa», come commenta Gianni Marino che ha fatto conoscere lo scrittore, che ha saputo trasformare i dati documentari in una realtà affascinante. Nusco, che Hugot ha amato, è diventata ai nostri giorni *il giardino d'Irpinia*, una città non chiusa da una siepe ma alacremente protesa in avanti. Qui la natura sorride, i turisti e i buongustai trovano spettacoli e paesaggi mozzafiato, aria salubre, possibilità di divertimento e di passeggiate nelle tre ville comunali, escursioni nella campagna circostante, shopping, cibi appetitosi, ravioli e gnocchi, carne alla brace, salumi e mozzarelle che grondano latte, pane casereccio, pizze e frittelle ripiene di menta, prelibatezze dolciarie, acqua fresca di fonte e vino moscato e malvasia. Non tutto si esaurisce qui. Ci sono i palazzi baronali da visitare, i vicoli stretti che prima consentivano la difesa con le barricate dai nemici esterni e ora dal vento, la biblioteca comunale e l'archivio diocesano, incunaboli e migliaia di libri, opere di artigianato prodotte dagli scalpellini e vasai, spazi verdi, giardini in fiore. Il «Museo diocesano di arte sacra», allestito nell'ex Seminario di Nusco, custodisce un patrimonio storico-artistico di valore, come arredi sacri, reliquari di varie tipologie, calici, mitrie, dipinti, statue lignee e d'argento, tavole e suppellettili, le tele di Jacopo Palma il giovane (fecondissimo pittore), di Andrea Miglionico (che fa scivolare e brillare i toni nella luce dorata dell'*Apparizione di S. Michele a Lorenzo Maiorano* commissionata dall'arcivescovo di Conza, Gaetano Caracciolo, che si fece ritrarre al centro della tela non per vanità ma per vantare d'aver fatto costruire in S. Andrea di Conza la chiesa di S. Michele verso cui punta il dito), di Angelo Mozzillo afragolese, che nella *Cena del Signore* non si sottrae alla capacità d'illustrare i sentimenti, la placca con l'*Eterno Padre e l'Immacolata*, che fu esposta ai Musei Vaticani (nel 150° anno dalla proclamazione del dogma dell'Immacolata Concezione), il turibolo di argento, gli oggetti che erano nel «Tesoro» della Cattedrale. Don Tarcisio Gambalonga, direttore del Museo, spiega, con la sua inflessione patavina, che il Museo diocesano è «strumento di catechesi e annuncio del messaggio cristiano». Un tesoro di fede e di cultura, una ricchezza storica da tutelare e da scoprire, perché dà sempre nuove emozioni e spirituale godimento.

NOTA BIOGRAFICA DELL'AUTORE

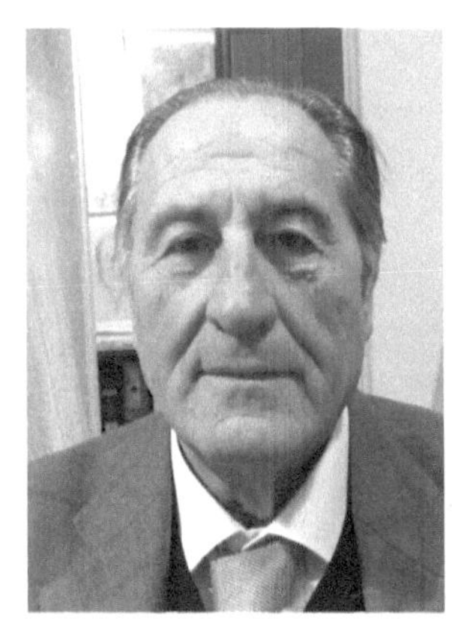

VINCENZO NAPOLILLO, nato a Nusco (Av), vive a Cosenza. Ha conseguito due lauree, in Pedagogia e in Sociologia, presso l'Università degli Studi di Salerno. Ha insegnato negli Istituti superiori di Cosenza. È Accademico cosentino. Fa parte della Commissione storica per il processo di beatificazione di Gioacchino da Fiore. È membro della Deputazione di Storia Patria per la Calabria. Personalità poliedrica, al suo attivo ha diverse pubblicazioni, fra le quali si distinguono: Gioacchino da Fiore, con Presentazione di Marjorie Reeves dell'Università di Oxford; Carlo Levi dall'antifascismo al mito contadino; Padula nella letteratura; Lectura Dantis, itinerari calabresi nella Divina Commedia; Rose, materiali storici ed artistici; Bernardino Telesio filosofo e poeta; Storia di Cosenza da luogo fatale a città d'arte di circa 900 pagine; Aversa città dei Normanni; Mattia Preti Artefice del Seicento; Nusco, storia dal vero; Garibaldi e l'Unità d'Italia; San Marco Argentano; I Valdesi e l'Inquisizione; Poeti dialettali di Calabria dal Novecento a oggi; Alarico, storia e tragedia; Francesco di Paola, storia letteratura arte; I Normanni da aiutanti a regnanti; Poeti contemporanei; Federico II di Svevia figura di alto valore storico. Affermatosi Eccellenza di Calabria, ha conseguito recentemente il Premio "Maria Cristina di Savoia", «per il contributo al progresso della Cultura e alla diffusione del Sapere».

È Premio Nazionale di Cultura politica per il libro Guido Dorso e la rivoluzione meridionale. Collabora alla rivista Sinestesie e al settimanale Parola di Vita. Ha pubblicato Poesie d'intensa bellezza. S'interessa di critica d'arte.

SOMMARIO

CASTELLO E SIGNORI FEUDALI   31

SPIGOLATURE   41

LA PESTE DEL 1656   53

IL CORONAVIRUS   59